AF596870

ANTIQUITÉS

Égyptiennes, Grecques & Romaines

MARBRES, BRONZES, VERRERIE, CÉRAMIQUE, ORFÈVRERIE
& OBJETS DIVERS

Provenant de l'Ancienne Collection BORELLI BEY

Appartenant à M. X...

et Statue en Marbre

Appartenant à M. H...

dont la Vente aura lieu à PARIS, HOTEL DROUOT, Salle n° 7

Les Mercredi 11, Jeudi 12 et Vendredi 13 Juin 1913

à deux heures précises

Commissaire-Priseur :
Me LAIR DUBREUIL
6, Rue Favart
PARIS

Experts :
C. & E. CANESSA
125, Avenue des Champs-Élysées
PARIS

La COLLECTION sera visible chez M. CANESSA, 125, Avenue des Champs-Élysées, tous les jours de 10 heures à 5 heures, du 1er au 7 Juin.

EXPOSITION PUBLIQUE

à l'Hôtel Drouot, le 10 Juin, de 1 h. 1/2 à 6 heures

CONDITIONS DE LA VENTE

Elle sera faite au comptant.

Les adjudicataires paieront dix pour cent en sus des enchères.

ORDRE DES VACATIONS

L'ordre du catalogue sera suivi.

Le mercredi 11 juin.	N°s 1 à 147.
Le jeudi 12 juin.	148 à 287.
Le vendredi 13 juin.	288 à 425.

VERRERIE

1\. — BOUTEILLE SPHÉRIQUE.
Long col évasé vers le haut. Pâte verte. Traces d'irisation.
Hauteur : 0 m. 265.

2\. — BOUTEILLE POMIFORME.
Goulot évasé. Parois épaisses. Pâte vert clair.
Hauteur : 0 m. 25.

3\. — BOUTEILLE POMIFORME.
Long goulot largement évasé. Irisation nacrée.
Hauteur : 0 m. 270.

4\. — BOUTEILLE SPHÉRIQUE.
Pâte verdâtre. Traces d'irisation.
Hauteur : 0 m. 205.

5\. — BOUTEILLE SPHÉRIQUE.
Pâte grise. Traces d'irisation.
Hauteur : 0 m. 18.

6\. — BOUTEILLE CYLINDRIQUE A COTES.
Large anse à cannelures. Pâte verte.
Hauteur : 0 m. 27.

7\. — VASE.
Quatre anses vert foncé et cannelures en relief, en cercles et zigzags. Pâte verte. Belle irisation.
Hauteur : 0 m. 145. Voir planche I.

8\. — FLACON CYLINDRIQUE.
Goulot évasé. Pâte vert clair. Traces d'irisation.
Hauteur : 0 m. 22.

9\. — FLACON PIRIFORME.
Long col évasé et pied. Pâte vert clair. Traces d'irisation.
Hauteur : 0 m. 24.

10\. — FLACON PIRIFORME.
Long col. Pâte vert clair. Très belle irisation.
Hauteur : 0 m. 165.

11\. — FLACON PIRIFORME.
Long col. Belle irisation.
Hauteur : 0 m. 18.

12. — FLACON POMIFORME.
Long col. Pâte verdâtre. Traces d'irisation.
Hauteur : o m. 16.

13. — FLACON PIRIFORME.
Très jolie irisation argentée.
Hauteur : o m. 15.

14. — FLACON POMIFORME.
Long col évasé avec cannelures circulaires. Traces d'irisation multicolore.
Hauteur : o m. 15.

15. — VASE PIRIFORME.
Col évasé. Jolie irisation multicolore.
Hauteur : o m. 125.

16. — VASE PIRIFORME.
Pâte verte. Belle irisation multicolore.
Hauteur : o m. 13.

17. — VASE POMIFORME.
Long col évasé. Belle irisation dorée et argentée.
Hauteur : o m. 17.

18. — FLACON POMIFORME.
Long col évasé avec cannelures circulaires. Traces d'irisation. Sept petits appendices sur la panse.
Hauteur;: o m. 175.

19. — FLACON POMIFORME.
Long col. Traces d'irisation.
Hauteur : o m. 15.

20. — FLACON SPHÉRIQUE.
Large goulot. Sur la panse quelques dessins en relief. Traces d'irisation.
Hauteur : o m. 11.

21. — FLACON PIRIFORME.
Goulot évasé. Belle irisation nacrée.
Hauteur : o m. 14.

22. — GRANDE BOUTEILLE.
Avec col s'évasant vers le haut. Très belle irisation.
Hauteur : o m. 43. Voir planche I.

23. — URNE CINÉRAIRE.
Traces d'irisation.
Hauteur : o m. 205.

24. — BOUTEILLE SPHÉRIQUE.
Couleur verdâtre. Deux anses. Vert foncé.
Hauteur : 0 m. 25. Voir planche I.

25. — AMPHORISQUE.
Fils agglutinés bleus autour du goulot et de la panse.
Hauteur : 0 m. 125.

26. — FLACON SPHÉRIQUE.
Cannelures. Traces d'irisation.
Hauteur : 0 m. 14.

27. — BOUTEILLE PIRIFORME.
Col évasé. Belle irisation.
Hauteur : 0 m. 21. Voir planche I.

28. — COUPE.
Forme conique. Traces d'irisation.
Hauteur : 0 m. 155.

29. — COUPE.
Traces d'irisation.
Diamètre : 0 m. 16.

30. — COUPE.
Traces d'irisation.
Diamètre : 0 m. 12.

31. — BOL.
Bord légèrement retourné. Très belle irisation.
Diamètre : 0 m. 105.

32. — COUPE.
Traces d'irisation.
Diamètre : 0 m. 14

33. — COUPE.
Avec pied. Traces d'irisation.
Hauteur : 0 m. 06.

34. — BOL.
Irisation argentée.
Hauteur : 0 m. 05.

35. — COUPE.
Avec pied.
Diamètre : 0 m. 19.

36. — COUPE.
Bord retourné. Très belle irisation.
Hauteur : 0 m. 06.

37. — COUPE.
Cannelures et traces d'irisation.
Diamètre : o m. 16.

38. — COUPE.
Cannelures. Irisation vert clair.
Diamètre : o m. 13.

39. — BOL.
Cannelures. Irisation nacrée.
Diamètre : o m. 11.

40. — PETIT BOL.
Larges cannelures. Pâte jaunâtre. Traces d'irisation.
Hauteur : o m. 047.

41. — VASE CONIQUE.
Pâte verte et traces d'irisation.
Hauteur : o m. 105.

42. — COUPE HÉMISPHÉRIQUE.
Parois épaisses et traces d'irisation.
Diamètre : o m. 10.

43. — FIOLE.
En forme de chandelier. Irisation nacrée.
Hauteur : o m. 175.

44. — FIOLE.
En forme de chandelier. Traces d'irisation.
Hauteur : o m. 19.

45. — FLACON.
En forme de battant de cloche. Traces d'irisation.
Hauteur : o m. 31.

46. — FLACON FUSIFORME.
Très jolie irisation multicolore.
Hauteur : o m. 22.

47. — FLACON SPHÉRIQUE.
Long goulot évasé et pied. Traces d'irisation.
Hauteur : o m. 17.

48. — FLACON POMIFORME.
Goulot évasé. Belle irisation.
Hauteur : o m. 11.

49. — FLACON.
En forme de chandelier. Traces d'irisation rosée.
Hauteur : o m. 11.

50. — FLACON PIRIFORME.
Large ouverture. Pâte verdâtre. Traces d'irisation.
Hauteur : 0 m. 105.

51. — FLACON POMIFORME.
Large ouverture. Neuf cannelures sur la panse. Traces d'irisation.
Hauteur : 0 m. 082.

52. — FLACON POMIFORME.
Dessins en relief sur le col. Traces d'irisation.
Hauteur : 0 m. 095.

53. — FLACON POMIFORME.
Cannelures circulaires sur la panse. Traces d'irisation.
Hauteur : 0 m. 095.

54. — FLACON PIRIFORME.
Sept petits appendices sur la panse. Irisation multicolore.
Hauteur : 0 m. 115.

55. — ŒNOCHOÉ.
Cannelures en forme de bagues à la base et au sommet du goulot. Traces d'irisation multicolore.
Hauteur : 0 m. 12.

56. — FLACON CYLINDRIQUE.
Traces d'irisation multicolore.
Hauteur : 0 m. 08.

57. — FLACON POMIFORME.
Large goulot. Sept petits appendices sur la panse. Traces d'irisation multicolore.
Hauteur : 0 m. 08.

58. — FLACON POMIFORME.
Cannelures verticales sur la panse. Parois épaisses. Belles traces d'irisation.
Hauteur : 0 m. 08.

59. — FLACON POMIFORME.
Traces d'irisation multicolore.
Hauteur : 0 m. 07.

60. — FLACON POMIFORME.
Panse bosselée en quelques endroits. Traces d'irisation argentée.
Hauteur : 0 m. 077.

61. — FLACON CYLINDRIQUE.
Panse cannelée. Col évasé avec anse. Traces d'irisation.
Hauteur : 0 m. 105.

62. — FLACON CYLINDRIQUE.
Cannelures sur la panse, et anneaux en relief sur le goulot. Traces d'irisation.
Hauteur : 0 m. 10.

63. — FLACON FUSIFORME.
Avec deux anses et pied. Traces d'irisation blanche.
Hauteur : 0 m. 13.

64. — BALSAMAIRE.
Forme d'alabastre, cannelé en torsade avec deux petites anses. Irisation bleue.
Hauteur : 0 m. 11.

65. — POIDS.
Pâte vert foncé. Irisation nacrée. Il est marqué au poinçon.
Largeur : 0 m. 07.

66. — BRACELET.
Petites cannelures en torsade. Très belle irisation violette et verte.
Diamètre : 0 m. 08.

67. — BRACELET.
Cannelures longitudinales. Belle irisation violette et verte.
Diamètre : 0 m. 06.

68. — VERRE A BOIRE.
Forme conique. Cannelures circulaires. Parois épaisses. Irisation nacrée.
Hauteur : 0 m. 11.

69. — VERRE A BOIRE.
Forme conique, petite ceinture en relief au sommet. Traces d'irisation. Pâte blanche.
Hauteur : 0 m. 11.

70. — VERRE A BOIRE.
Forme cylindrique avec pied. Parois très minces.
Hauteur : 0 m. 095.

71. — VERRE A BOIRE.
Forme cylindrique. Petite ceinture en relief au sommet. Traces d'irisation grise.
Hauteur : 0 m. 075.

72. — VERRE A BOIRE.
Forme cylindrique. Petite ceinture en relief au sommet. Traces d'irisation nacrée.
Hauteur : 0 m. 08.

73. — GOBELET CYLINDRIQUE.
Cannelures circulaires. Pâte couleur d'albâtre. Traces d'irisation nacrée.
Hauteur : o m. 10.

74. — LOT DE SEPT FIOLES.
Formes diverses.

75. — VASE.
Forme de tasse. Dessins en relief. Traces d'irisation.
Hauteur : o m. 11. Voir planche II.

76. — VASE SPHÉRIQUE.
Goulot largement évasé. Très jolie irisation multicolore.
Hauteur : o m. 125. Voir planche II.

77. — VASE POMIFORME.
Col évasé avec deux bagues en relief. Pâte verte. Irisation nacrée.
Hauteur : o m. 165. Voir planche II.

78. — ŒNOCHOÉ.
Bague en relief à la base du col. Anse large avec cannelures verticales. Pâte couleur lie de vin avec belles traces d'irisation bleue et verte.
Hauteur : o m. 19. Voir planche I.

79. — ŒNOCHOÉ
Anse cannelée. Pâte couleur lie de vin. Traces d'irisation.
Hauteur : o m. 14. Voir planche I.

80. — ŒNOCHOÉ.
Pâte brune. Traces d'irisation multicolore.
Hauteur : o m. 15. Voir planche II.

81. — FLACON PIRIFORME.
Avec pied et long col à large ouverture. Sur la panse des appendices et des cannelures. Traces d'irisation verte et bleue.
Hauteur : o m. 19. Voir planche I.

82. — ŒNOCHOÉ.
Goulot trilobé. Pâte jaune. Anse et pied en pâte verte. Au sommet du goulot une petite ceinture verte en relief. Traces d'irisation.
Hauteur : o m. 15. Voir planche II.

83. — ŒNOCHOÉ.
Goulot trilobé. Belles traces d'irisation multicolore.
Hauteur : o m. 115. Voir planche II.

84. — ŒNOCHOÉ.
Goulot trilobé. Panse sphérique avec cannelures circulaires. Traces d'irisation argentée.
Hauteur : o m. 12. Voir planche II.

85. — VASE POMIFORME.

Large goulot évasé. Très belle irisation argentée, bleue et violette.

Hauteur : o m. 09. Voir planche II.

86. — VASE POMIFORME.

Large goulot. Pâte couleur lie de vin. Cannelures sur la panse. Irisation multicolore.

Hauteur : o m. 09. Voir planche III.

87. — VASE POMIFORME.

Goulot évasé. Traces d'irisation multicolore.

Hauteur : o m. 11. Voir planche III.

88. — VASE PIRIFORME.

Pâte vert d'eau. Cannelures circulaires sur la panse. Forme très élégante. Splendide irisation rouge et verte.

Hauteur : o m. 12. Voir planche III.

89. — VASE POMIFORME.

Large goulot évasé. Cannelure circulaire sur le col. Splendide irisation bleue et violette.

Hauteur : o m. 097. Voir planche III.

90. — VASE CYLINDRIQUE.

Large goulot évasé. Très belle irisation multicolore.

Hauteur : o m. 105. Voir planche II.

91. — VASE PIRIFORME.

Large goulot évasé. Plusieurs appendices sur la panse, et cannelures circulaires sur la panse et le col. Pâte brune. Irisation multicolore.

Hauteur : o m. 11. Voir planche II.

92. — VASE SPHÉRIQUE.

Deux petites anses et large goulot. Cannelures circulaires sur la panse. Très belle irisation bleue et violette.

Hauteur : o m. 072. Voir planche III.

93. — VASE POMIFORME.

Deux petites anses. Pâte couleur lie de vin. Traces d'irisation.

Hauteur : o m. 08. Voir planche III.

94. — VASE POMIFORME.

Deux petites anses. Cannelures circulaires et en zigzags sur la panse. Irisation argentée,

Hauteur : o m. 086. Voir planche III.

95. — LÉCYTHE.

Cannelures circulaires et en zigzags sur la panse et le col. Très jolie irisation blanche.

Hauteur : o m. 10. Voir planche III.

96. — LÉCYTHE.

Pâte verdâtre. Cannelures circulaires et en zigzags sur la panse et le col. Traces d'irisation.

Hauteur : 0 m. 12. Voir planche II.

97. — FLACON POMIFORME.

Goulot très étroit. Ornements en relief sur la panse. Irisation gris clair.

Hauteur : 0 m. 09. Voir planche III.

98. — FLACON POMIFORME.

Goulot très étroit. Pâte brune. Ornements en relief sur la panse. Traces d'irisation.

Hauteur : 0 m. 085. Voir planche III.

99. — VASE POMIFORME.

Goulot évasé. Ornements en relief sur la panse. Traces d'irisation.

Hauteur : 0 m. 077. Voir planche III.

100. — BOL.

Pâte d'une très jolie couleur bleue. Le bord du sommet est retourné. Quelques traces d'irisation.

Hauteur : 0 m. 057. Voir planche III.

101. — VASE POMIFORME.

Cinq petits appendices sur la panse. Très belle irisation bleue et verte.

Hauteur : 0 m. 062. Voir planche III.

102. — VASE POMIFORME.

Large goulot évasé. Très belle irisation multicolore.

Hauteur : 0 m. 06. Voir planche III.

103. — VASE PIRIFORME.

Goulot trilobé. Très belle irisation multicolore.

Hauteur : 0 m. 07. Voir planche III.

104. — VASE POMIFORME.

Six petits appendices sur la panse. Pâte verdâtre. Très belle irisation verte et mordorée.

Hauteur : 0 m. 063. Voir planche III.

105. — ŒNOCHOÉ.

Goulot trilobé. Irisation argentée. Pâte vert clair.

Hauteur : 0 m. 085. Voir planche III.

106. — AMPHORISQUE.

Anses en pâte verte. Quelques traces d'irisation.

Hauteur : 0 m. 175. Voir planche I.

107. — ŒNOCHOÉ.
Pâte verte. Belle irisation bleue et violette.
Hauteur : 0 m. 075. Voir planche III.

108. — FLACONS JUMEAUX.
Cerclés de fils circulaires. Pâte verte. Traces d'irisation. Trois anses.
Hauteur : 0 m. 16. Voir planche II.

109. — FLACONS JUMEAUX.
Pâte verte. Deux anses en pâte bleue. Irisation nacrée.
Hauteur : 0 m. 13. Voir planche II

110. — FLACONS JUMEAUX.
Des cannelures en feston entourent entièrement les deux flacons. Deux anses également avec cannelures. Très belle couleur bleu turquoise avec irisation argentée.
Hauteur : 0 m. 122. Voir planche II.

111. — AMPHORISQUE.
Pâte blanche et noire. Cannelures sur la panse et dessins en festons. *Travail phénicien.*
Hauteur : 0 m. 105. Voir planche III.

112. — AMPHORISQUE.
Pâte bleue. Cannelures sur la panse. Dessins à festons en pâte blanche. *Travail phénicien.*
Hauteur : 0 m. 09. Voir planche III.

113. — BALSAMAIRE.
Pâte bleu foncé. Dessins jaunes et verts. *Travail phénicien*
Hauteur : 0 m. 10. Voir planche III.

114. — FLACON PIRIFORME.
Pâte verte. Goulot festonné. Cannelures verticales de la base au sommet. Au centre un anneau en pâte verte. Dessins rouges et jaunes.
Hauteur : 0 m. 11. Voir planche III.

115. — FLACON PIRIFORME.
Pâte verte. Dessins circulaires et festonnés en pâte blanche. Imite le marbre. Traces d'irisation.
Hauteur : 0 m. 125. Voir planche III.

116. — FLACON PIRIFORME.
Pâte verte. Dessins circulaires et festonnés en pâte blanche. Traces d'irisation bleue et verte.
Hauteur : 0 m. 125. Voir planche III.

ART ÉGYPTIEN

Bronzes

117. — ISIS ALLAITANT HORUS.

Isis est assise, coiffée du claft surmonté de la couronne d'uræus, des cornes et du disque.

Horus est coiffé du serre-tête à uræus et porte la mèche juvénile.

Inscription hiéroglyphique à la base. Socle en bois.

Hauteur : o m. 26. Voir planche VIII.

118. — ROI AGENOUILLÉ.

Il étend les deux mains en avant, les paumes se faisant face. Il est coiffé du claft orné de l'uræus, et vêtu de la shenti.

Patine brune. Socle en bois.

Hauteur : o m. 145. Voir planche VIII.

119. — ROI DEBOUT.

Il est en train de marcher les deux mains en avant, les doigts se faisant face. Il est coiffé du claft rayé surmonté de l'uræus. Il est vêtu de la shenti. *Socle en bois.*

Hauteur : o m. 20. Voir planche VIII.

120. — NIT.

La déesse marche, le bras gauche tendu en avant. Elle est coiffée de la couronne rouge. L'uræus manque.

Nombreuses inscriptions hiéroglyphiques sur le socle en bronze.

Hauteur : o m. 275. Voir planche IX.

121. — BASTIT.

La déesse à tête de chat est debout, vêtue d'une tunique collante finement tissée. Dans sa main gauche elle tient serrée contre sa poitrine une égide de sokhit.

Hauteur : o m. 143. Voir planche XI.

122. — ÉPERVIER.

L'oiseau sacré du dieu Horus est debout sur un socle en bois.

Patine verte.

Hauteur : o m. 162. Voir planche IX.

123. — HORUS ENFANT ASSIS.

Le jeune dieu est entièrement nu et porte la mèche des enfants. Il est coiffé du serre-tête orné de l'uræus. L'uræus frontal, la mèche, les

yeux et le collier sont niellés d'or. *Sur le socle une inscription hiéroglyphique.*
Hauteur : o m. 125. Voir planche X.

124. — HORUS ENFANT.
Le jeune dieu est debout, entièrement nu ; il porte l'index de la main droite vers la bouche. Il est coiffé du serre-tête et porte la mèche juvénile ornée de l'uræus.
Hauteur : o m. 15. Voir planche XI.

125. — GROUPE.
A droite, Horus hiéracocéphale debout, vêtu de la shenti et portant le claft surmonté du pschent orné de l'uræus.
Au milieu, Osiris debout, portant la couronne blanche ornée de l'uræus.
A gauche, Isis debout; la déesse est coiffée du claft surmonté de la couronne d'uræus, des cornes et du disque.
Hauteur : o m. 115. Voir planche X.

126. — CHAT ASSIS.
Hauteur : o m. 18. Voir planche IX.

127. — CHAT ASSIS.
Hauteur : o m. 11. Voir planche XXX.

128. — CHAT ASSIS.
Hauteur : o m. 045.

129. — PRÊTRE DEBOUT.
Il porte un long manteau, les bras allongés en avant. La tête est complètement rasée.
Hauteur : o m. 14. Voir planche XI.

130. — HORUS ENFANT.
Il est debout, entièrement nu et porte la main droite à la bouche. Il est coiffé du serre-tête orné de l'uræus, surmonté du disque solaire, et porte la mèche juvénile.
Hauteur : o m. 213. Voir planche XI.

131. — NIT.
La déesse marche, le bras gauche tendu en avant. Elle tient de la main gauche le sceptre orné de l'ouas, et de la main droite elle porte l'aukh. Elle est coiffée de la couronne rouge.
Hauteur : o m. 18. Voir planche XI.

132. — SISTRE VOTIF.
Le manche est orné d'un dieu Bes et décoré de la tête de la déesse Hathor. Sur la partie supérieure de l'instrument, des chats accroupis.
Hauteur : o m. 28. Voir planche XIII.

133. — ANUBIS.

Le dieu à tête de chacal marche, le bras gauche tendu en avant. Il est coiffé du claft et vêtu de la shenti.

Hauteur : o m. 118. Voir planche X.

134. — IMHOTPOU ASSIS.

Il tient de ses deux mains un rouleau de papyrus déployé sur ses genoux. Le dieu est vêtu de la shenti longue et plissée ; un collier couvre sa poitrine. Il porte le serre-tête.

Socle en bois.

Hauteur : o m. 155. Voir planche XIII.

135. — SHOU.

Le dieu solaire est debout, vêtu de la shenti et coiffé de ses attributs.

Hauteur : o m. 155. Voir planche X.

136. — RA HIÉRACOCÉPHALE.

Le dieu est en train de marcher, coiffé du claft surmonté du disque orné de l'uræus. Il est vêtu de la shenti.

Hauteur : o m. 105. Voir planche X.

137. — OSIRIS ASSIS.

Il est coiffé de la couronne blanche ornée de l'uræus.

Hauteur : o m. 14.

138. — HORUS ENFANT.

Le jeune dieu est assis, entièrement nu. Il est coiffé du serre-tête à uræus et porte la mèche juvénile.

Hauteur : o m. 09.

139. — BŒUF APIS.

Le bœuf sacré de Memphis est en train de marcher et porte sur la tête, entre ses cornes, le disque solaire orné de l'uræus ; sur le corps sont indiquées les marques consacrées.

Longueur : o m. 095. Voir planche X.

140. — AMPHORE.

Le sommet du col est retourné et orné d'une frise dentelée. Les anses s'appuient sur la panse par des attaches en forme de feuilles. Le pied est cannelé.

Hauteur : o m. 50. Voir planche XII.

141. — BŒUF APIS.

Il marche, la tête surmontée du disque orné de l'uræus.

Très belle pièce. Patine verte.

Longueur : o m. 14. Voir planche X.

142. — ISIS ALLAITANT HORUS.

La déesse est assise, coiffée du claft surmonté de la couronne d'uræus, des cornes et du disque. Horus porte le serre-tête et la mèche juvénile.

Hauteur : 0 m. 10.

143. — OSIRIS DEBOUT.

Le dieu est barbu et porte la couronne blanche ornée de l'uræus. Il tient le crochet et le fouet symboliques.

Hauteur : 0 m. 30.

144. — OSIRIS DEBOUT.

Il est coiffé de la couronne blanche ornée de l'uræus, et tient contre sa poitrine le crochet et le fouet symboliques.

Hauteur : 0 m. 29.

145. — OSIRIS DEBOUT.

Hauteur : 0 m. 20.

146. — SPHINX.

Il est couché sur un socle en bronze présentant une tête de lion sur sa face antérieure. La tête du sphinx est coiffée du claft orné de l'uræus. Les mains allongées en avant. *Il devait probablement faire partie de la proue d'un navire.*

Longueur : 0 m. 315. Voir planche VII.

147. — PERSONNAGE AGENOUILLÉ.

Il est dans la position de l'offrande et tient un vase dans chaque main.

Hauteur : 0 m. 042.

Objets en pierre dure, terre émaillée, porcelaine, bois, etc.

148. — BUSTE D'UN PERSONNAGE.

Il est coiffé du claft.

Epoque Saïte. Basalte noir.

Hauteur : 0 m. 18. Voir planche VII.

149. — BUSTE DE ROI.

Il est coiffé du claft orné de l'uræus.

Très beau travail en cristal de roche. Pièce unique. La surface est martelée pour éviter les reflets. XVIIIe *dynastie.*

Hauteur : 0 m. 265. Voir planche VI.

150. — PERSONNAGE DEBOUT.

Il est coiffé du claft et vêtu d'une robe longue collante. Il tient entre ses deux bras étendus une figure d'Osiris, reposant sur un petit socle.

Inscriptions hiéroglyphiques à la base et sur le dos du personnage.

Très beau travail de la XVIIIe dynastie. Basalte vert.

Hauteur : 0 m. 405. Voir planche V.

151. — BUSTE DE ROI.

Il est coiffé du claft royal, rayé et orné de l'uræus.

Fragment. Basalte vert. Epoque Saïte.

Hauteur : 0 m. 07.

152. — BŒUF APIS.

Il tient un disque entre les cornes.

Basalte vert. Pièce très rare. V^e dynastie.

Hauteur : 0 m. 137. Voir planche XIII.

153. — MAIT.

La déesse est accroupie, les mains tenant ses genoux ; coiffée d'un diadème en or, descendant ensuite le long des cheveux jusqu'à la poitrine en dessous des seins où il forme une ceinture.

Base en or. Travail en lapis lazuli. Pièce très rare. *XVIIIe dynastie.*

Hauteur : 0 m. 10. Voir planche XIII.

154. — GRAND LION COUCHÉ.

Il regarde en avant, les pattes allongées, la queue ramenée sur le dos. L'attitude de l'animal est très saisissante par la simplicité des moyens employés par l'artiste. A part celui-ci, on ne connaît dans la représentation colossale du lion que celui du British museum dédié à Amen-Hetep III par Tut-Ankh-Amen (environ 1400 avant J.-C.). Cela nous permet de dire que ce lion a dû être également dédié à un roi de son époque qui est la XIe dynastie (environ 2500-2200 avant J.-C.).

Très beau granit rose d'Assouan. Provenant d'Héliopolis.

Hauteur : 0 m. 80. — Longueur 1 m. 70. Voir planche IV, a, b, c.

155. — HORUS ACCROUPI.

Tête d'épervier. Il est coiffé du claft surmonté du pschent.

Belle pièce en hématite. Base et claft en or. Travail égyptien de la XVIIIe dynastie. Monture ptolémaïque.

Hauteur 0 m. 04. Voir planche XXXVIII.

156. — AMPHORE.

Avec deux anses et couvercle à forme conique.

Porphyre vert.

Hauteur 0 m. 375.

157\. — OSIRIS ASSIS.
Le dieu est barbu et porte la couronne blanche ornée de l'uræus.
Basalte vert.
Hauteur : 0 m. 255.

158\. — TÊTE DE CANOPE.
En pierre calcaire.
Hauteur : 0 m. 11.

159\. — LION.
Il est couché sur une base.
Traces de dorures. Modèle en pierre calcaire.
Longueur : 0 m. 145. Voir planche XIII.

160\. — ÉGIDE.
En pierre. La tête de la divinité manque.

161\. — TÊTE DE LIONNE.
Fragment de statuette en pierre blanche.
Traces de peinture.
Hauteur : 0 m. 13.

162\. — VASE CANOPE.
Le couvercle à tête humaine est très finement sculpté.
Hauteur : 0 m. 44. Voir planche XIV.

163\. — STÈLE FUNÉRAIRE.
Hiéroglyphes et figures en creux.
Traces de peinture. Calcaire.
Hauteur : 0 m. 347. Voir planche XIV.

164\. — STÈLE FUNÉRAIRE.
Hiéroglyphes et figures en creux.
Traces de peinture. Calcaire.
Hauteur : 0 m. 378. Voir planche XIV.

165\. — THOUÉRIS.
La déesse à mamelles pendantes et à forme d'hippopotame est debout. Une sorte de queue tressée pend dans son dos et tombe à terre.
*Pièce en hématite. XVIII*e *dynastie.*
Hauteur : 0 m. 04.

166\. — AMULETTE.
Petite lionne assise.
*Hématite. XVIII*e *dynastie.*
Hauteur : 0 m. 018.

167\. — INTAILLE.
De forme carrée, en hématite, représentant un cavalier terrassant un ennemi à coups de lance. Dans le champ, deux étoiles.

168. — AMULETTE.

Forme rectangulaire. Sur une face, personnage accroupi sur une fleur de lotus ; sur l'autre face, un scarabée à tête d'épervier. Les deux autres faces percées d'un trou.

Travail en hématite.

169. — FEMME DEBOUT.

Elle est vêtue d'une longue robe collante ; le bras droit pendant, le gauche portant un vase. Un trou au milieu de la tête.

Albâtre.

Hauteur : o m. 21.

170. — DEUX ALABASTRES.

Un d'eux avec un bouchon.

Albâtre.

171. — VASE.

Avec pied et couvercle plat.

Albâtre.

Hauteur : o m. 095.

172. — STATUETTE FUNÉRAIRE.

Le personnage est coiffé du claft et porte la barbe.

Hiéroglyphes gravés en creux. Porcelaine bleu turquoise. Très belle pièce. XVIIIe dynastie.

Hauteur : o m. 25. Voir planche XIII.

173. — DEUX STATUETTES FUNÉRAIRES.

Porcelaine.

Hauteurs : o m. 143 et o m. 14.

174. — TROIS STATUETTES FUNÉRAIRES.

Porcelaine.

Hauteurs : o m. 12 o m. 103, o m. 095.

175. — ISIS ALLAITANT HORUS.

La déesse est assise sur un siège cubique orné d'écailles sur les côtés. Elle est coiffée du claft. Horus porte le serre-tête et la mèche juvénile.

Porcelaine.

Hauteur : o m. 125.

176. — PHTAH EMBRYON.

Le jeune dieu est debout, les jambes fléchissantes, les bras rétractés. Il est coiffé du serre-tête.

Porcelaine.

Hauteur : o m. 065. Voir planche XIII.

177. — BUSTE D'OSIRIS.
Fragment d'une statuette.
Porcelaine.
Hauteur : o m. o5.

178. — ÉPERVIER.
Les plumes sont détaillées avec beaucoup de soin.
Porcelaine.
Hauteur : o m. o75.

179. — SINGE ACCROUPI.
Porcelaine.
Hauteur : o m. o4.

180. — PLAQUETTE RECTANGULAIRE.
Sur les deux faces, une inscription hiéroglyphique.
Porcelaine.
Longueur : o m. o4.

TROIS COUPELLES.
L'intérieur est divisé en quatre compartiments.
4 pièces.

181. — CHAT ET THOUËRIS.
Deux petites statuettes en verre.

182. — SCARABÉE.
Au-dessous une inscription hiéroglyphique.
Email vert.
Longueur : o m. o5.

183. — LOT DE HUIT SCARABÉES.
Travail en lapis.

184. — LOT DE VINGT-TROIS SCARABÉES.

185. — SOKHIT LÉONTOCÉPHALE.
Elle est debout, vêtue d'une tunique collante, les bras pendant le long du corps. Sa tête de lionne est coiffée du claft couronné du pschent.
Or massif. Très beau travail. XVIIIe dynastie.
Hauteur : o m. o54. Voir planche XXXVIII.

186. — BATEAU FUNÉRAIRE.
Il se compose de treize personnages dont deux debout et onze assis. Au pied du mât, un taureau debout, la tête penchée dans un récipient. Au milieu, la momie que l'on transporte.
Travail en bois.
Longueur : o m. 8o. Voir planche XIV.

187\. — TROIS COLLIERS.

Pierres dures et pâte de verre.

188\. — BUSTE DE ROI.

Il est coiffé du claft royal rayé et orné de l'uræus. Il porte la barbiche et son buste est entièrement drapé.

Trouvé à Aboukir. Marbre.

Hauteur : 0 m. 21.

189\. — BAS-RELIEF.

Personnage de profil, regardant vers la droite, coiffé d'une perruque courte à petites boucles, la poitrine couverte de colliers.

Traces de coloration. XIe dynastie. Travail en calcaire. Trouvé à Abydos.

Hauteur : 0 m. 175. Voir planche XIII.

190\. — LOT D'AMULETTES.

En ivoire, bois et os.

191\. — LOT D'OBJETS DIVERS.

Épingles à cheveux, palette, styles de scribe, etc...

En ivoire, bois et os.

192\. — LOT D'OBJETS DIVERS.

En verre et pierre dure.

193\. — ISIS, NEPHTYS ET MAIT.

Trois petites statuettes en lapis.

194\. — LOT DE QUINZE FIGURINES.

Terre émaillée.

195\. — LOT DE DIX-HUIT FIGURINES.

Terre émaillée.

196\. — LOT DE DOUZE FIGURINES.

Terre cuite émaillée.

197 et 198. — THOUËRIS.

Deux petites statuettes en émail vert.

Hauteurs : 0 m. 04 et 0 m. 036.

MARBRES GRECS ET ROMAINS

199. — BAS-RELIEF.

Groupe de ménades dans des positions diverses. Très probablement scène dionysiaque.

Noter la façon dont s'ouvrent leurs vêtements sur le devant de leurs jambes. Art alexandrin du IIe siècle avant J.-C.

Hauteur : 0 m. 51. — Longueur : 0 m. 76. Voir planche XVI.

200. — BAS-RELIEF.

Même sujet et même observation qu'au numéro précédent.

Art alexandrin du IIe siècle avant J.-C.

Hauteur : 0 m. 51. — Longueur : 0 m. 76. Voir planche XVII.

201. — PIED DE TABLE.

Il représente un chien dressé sur les deux pattes de derrière.

Art pompéien.

Travail en marbre.

Hauteur : 0 m. 92.

202. — FRAGMENT DE THYRSE.

La base est cannelée. Dans le haut, une frise de masques de gorgones séparés par des feuilles. Au-dessus, de larges feuilles.

Travail archaïque.

Hauteur : 0 m. 49.

203. — TÊTE DE FEMME.

Elle est coiffée en bandeaux avec un chignon et deux bandelettes dans les cheveux,

Socle en marbre rouge.

Hauteur : 0 m. 21.

204. — TERME BACHIQUE.

Il est coiffé d'un bandeau entouré de feuilles de vigne.

Hauteur : 0 m. 19.

205. — TÊTE D'UNE IMPÉRATRICE ROMAINE.

Elle est coiffée en boucles sur le sommet de la tête et jusqu'aux oreilles. Sur le derrière de la tête, les cheveux sont tressés et aboutissent à un chignon serré.

Epoque romaine.

Hauteur : 0 m. 24.

206. — MASQUE DE DIONYSOS.

Il porte la barbe.

Style archaïsant. Marbre jaune. Trouvé à Alexandrie.

Hauteur : 0 m. 21.

207. — TÊTE DE FEMME

Elle porte les cheveux séparés par une raie et enroulés en tresses jusqu'au chignon placé très bas. Un ruban lui entoure la tête.

Très beau travail grec du IIIe *siècle avant J.-C.*

Socle en marbre.

Hauteur : 0 m. 15. Voir planche XV.

208. — TÊTE DE FEMME.

Les cheveux sont soigneusement coiffés jusqu'au sommet de la tête où ils se réunissent en deux chignons.

Patine rouge. Asie Mineure.

Hauteur : 0 m. 12.

209. — TÊTE DE ZEUS.

Epoque romaine.

Hauteur : 0 m. 085.

210. — MUSE (CALLIOPE ?)

Elle est debout sur la jambe droite, la jambe gauche légèrement fléchie, la pointe du pied touchant le sol. Elle est vêtue d'un chiton sur lequel elle a jeté son himation, harmonieusement plié, et dont elle tient les pans sur son avant-bras gauche. Elle tient dans sa main droite un stylet, et dans sa main gauche un diptyque sur lequel elle se prépare à écrire. La tête légèrement inclinée à gauche, la bouche entr'ouverte, les cheveux soigneusement séparés par une raie médiane, un chignon sur la nuque.

Tête en marbre de Paros. Comparer tête d'Aphrodite par Praxitèle (Rome) publiée dans « Sauerlandt, Grieschische, Bildwerke », p. 79. Le reste du corps en marbre de Pentèle.

Travail grec du IIIe *siècle avant J.-C. La juxtaposition de la tête et du corps a été faite à l'époque romaine.*

Publiée dans Reinach, Répertoire, tome IV, p. 179.

Hauteur : 1 m. 38. Voir planche XVIII a, b, c.

VASES EN TERRE CUITE

Vases de style corinthien

210 *bis*. — ARYBALLE.

Dessins géométriques, *peinture polychrome.*

Trépied en bronze. Style primitif.

Hauteur : 0 m. 405.

211. — CANARD ASSIS.

Peinture rouge et noire.

Hauteur : 0 m. 115. Voir planche XIX.

212. — ŒNOCHOÉ.

Sur la panse une frise d'animaux à la file : sphinx, lion, sanglier, etc. Dessins géométriques et ornements divers. Long col trilobé.

Peinture rouge, noire et brune sur fond crème.

Très beau travail.

Hauteur : 0 m. 155. Voir planche XIX.

213. — AMPHORE PANATHÉNAIQUE.

Deux bustes d'homme, les têtes de profil, se faisant face et souriant. Probablement, portraits des juges des jeux. Sujet inédit.

Au revers, une tête de cheval regardant vers la gauche, une patte relevée et allongée.

Peinture en noir, rouge et blanc. Dessins géométriques et ornements. Le fond du tableau est jaune. A la base, dessins géométriques noirs sur fond crème. Traits finement incisés. Influence ionienne, VIe *siècle avant J.-C,*

Hauteur : 0 m. 34. Voir planche XIX.

214. — COUVERCLE DE SARCOPHAGE.

Dans le haut deux sphinx se faisant face. Au milieu d'eux, un animal fantastique. Sur les côtés verticaux, bordure de grecques, damiers, festons et palmettes. Dans le bas, fragment d'un animal.

Peinture polychrome sur fond crème.

Hauteur : 2 mètres. — Largeur : 0 m. 80. Voir planche XXV.

Vases de l'Attique ou de style athénien.

215. — HYDRIE.

Éphèbe poursuivant une ménade. Un arbuste dans le champ.

Figures rouges sur fond noir.

Hauteur : 0 m. 19. Voir planche XXIV

216. — LÉCYTHE.

Une ménade entre deux satyres.

Figures noires sur fond rouge.

Hauteur : 0 m. 173. Voir planche XXIV.

217 — LÉCYTHE.

Groupe de quatre personnages autour de trois chevaux.

Peinture noire rehaussée de brun sur fond crème.

Dessins géométriques.

Hauteur : 0 m. 20.

218. — ŒNOCHOÉ.

Vernis noir. Bouche trilobée.

Grande Grèce.

Hauteur : 0 m. 19. Voir planche XXIV.

219. — SKYPHOS.

a) *Les cadeaux de noce.* La fiancée est assise, drapée, tenant dans la main droite l'extrémité d'un voile qu'elle a passé dans les cheveux. Elle reçoit les offrandes de quatre femmes debout, et s'entretient avec une autre femme assise à sa droite.

b) *Scène de fiançailles.* La fiancée est assise, à moitié nue, son vêtement lui couvrant seulement les jambes et le ventre. Collier autour du cou et de la poitrine. Elle parle avec son fiancé, vêtu d'une chlamyde, et qui se tient debout à sa gauche. A sa droite, une femme portant une coupe.

Sur le couvercle :

a) Éros portant une coupe à une femme assise. A gauche, une femme portant une offrande.

b) Éphèbe nu apportant une offrande à une femme assise, à moitié nue.

Palmettes sur la panse et le couvercle. Frises et ornements.

Figures rouges sur fond noir, rehauts blancs.

Technique très rare : elle ressemble au dessin à la plume. Très beau travail. Trouvé en Grande Grèce

Hauteur : 0 m. 43. Voir planche XX.

220. — HYDRIE.

Une ménade conduisant un taureau au sacrifice. *Très beau fond noir luisant et figures rouges.*

Une bordure au-dessus et au-dessous du tableau. Sujet inédit.

Hauteur : 0 m. 175. Voir planche XXII.

221. — GRANDE ET BELLE AMPHORE DE STYLE ANCIEN, par EXEKIAS:

a) *Combat entre deux Grecs et une Amazone.* Les deux guerriers entourent l'Amazone, qui est tombée à leurs genoux, et s'apprêtent à la frapper de leurs lances. L'Amazone porte le casque à haut cimier, la cuirasse et le bouclier à devise.

b) *Combat entre Herakles et deux Amazones.* Le héros est coiffé de la dépouille du lion et s'apprête à frapper de son glaive une Amazone tombée à genoux devant lui ; une autre Amazone le menace de sa lance. La figure d'Hercule est peinte en noir, très finement incisée et rehaussée de pourpre, celles des Amazones ont les chairs en blanc, et les détails des vêtements et des armures en noir et rouge.

Dessins géométriques sur le goulot et dans le bas du vase. Palmettes dans le champ. Sous le tableau, une grecque.

Trouvée en Grande Grèce.

Hauteur : 0 m. 40. Voir planche XIX.

222. — HYDRIE.

Triptolème est assis sur son char ailé entre Demeter et Kora.

Peinture rouge sur fond noir luisant. Sur le col, bordure de palmettes. Sous le tableau, une frise de grecques. Grande Grèce.

Hauteur : 0 m. 35. Voir planche XXII.

223. — LECYTHE.

Scène de gynécée. Une femme assise tient entre ses mains un collier, une autre debout porte un coffret. Dans le champ, un miroir et un petit vase.

Inscription : ΔΙΦΙΛΟΣ ΚΑΛΟΣ.

Fond crème mat avec figures au trait polychrome mat.

Dessins géométriques dans le haut et bordure de grecques. Trouvé à Athènes. Couleur brune émaillée, les autres couleurs peintes.

Hauteur : 0 m. 38. Voir planche XXIII.

224. — AMPHORE.

Scène de combat entre trois guerriers et une Amazone. Au revers, une ménade poursuivant un satyre.

Anses à torsades. Figures rouges sur fond noir. Sous le tableau une bordure de grecques. Palmettes en blanc rehaussé de jaune sur le col. Grande Grèce. Le guerrier situé à droite du tableau porte son bras gauche recouvert de la chlamyde.

Hauteur : 0 m. 355. Voir planche XXI.

225. — AMPHORE.

Combat de deux Grecs et de deux Amazones. Dans le champ, un tronc d'arbre et des palmettes. Sur le revers, trois personnages drapés debout.

Anses à torsades. Figures rouges sur fond noir, rehauts blancs et bruns. Sous le tableau, une frise de grecques.

Les Amazones portent la mitre phrygienne, le vêtement de peaux de bêtes et la cuirasse. L'une est armée de la hache à deux tranchants, l'autre d'un glaive. Grande Grèce.

Hauteur : 0 m. 36. Voir planche XXI.

226. — AMPHORE.

Scène de congé. Un éphèbe (pétase, chlamyde, deux lances) est debout à côté de son cheval ; devant lui un vieillard. A droite, un guerrier portant le casque et le bouclier. A gauche, une femme apprêtant la libation.

Au revers : scène de libation. *Trouvée en Grande Grèce. Palmettes et dessins dans le champ. Sur le col, palmettes blanches et jaunes. En bordure, des dessins géométriques. Sous le tableau, une frise de grecques. Anses à torsades.*

Figures rouges sur fond noir. Rehauts blancs, jaunes et bruns.

Hauteur : 0 m. 348. Voir planche XXI.

227. — LÉCYTHE ARYBALLISQUE.

Conversation entre Hermès et Athénée. A droite, une niké portant une branche de lauriers ; petit arbre portant des fruits et femme assise. A gauche, une femme debout. *Palmettes sur la panse, à la base et sur le col du vase.*

Figures rouges sur fond noir. Rehauts blancs et bruns. Ornements en relief. Grande Grèce.

Hauteur : 0 m. 20. Voir planche XXIV.

228. — HYDRIE.

Hermès assis (pétase, caducée) devant une femme drapée (Aphrodite ?) qui est en train de converser avec Éros. A droite, un guerrier debout avec deux lances. A gauche, une femme drapée debout. Au revers palmettes et ornements. *En bordure, une frise. Sous le tableau, une frise de grecques. Sous les anses, un cygne et un chapiteau.*

Figures rouges sur fond noir. Rehauts blancs et jaunes.

Sujet inédit. Trouvé en Grande Grèce. Style de Douris.

Hauteur : 0 m. 317. Voir planche XXII.

Vases italiotes

229. — CRATÈRE.

Dionysos conduisant un bige traîné par deux panthères, au-dessus desquelles plane une niké. Devant le char, un satyre et une ménade. Sur le revers trois personnages drapés. *En bordure une couronne de lauriers. Sous les anses, palmettes.*

Sous le tableau une frise de grecques. Figures rouges sur fond noir. Rehauts blancs. Trouvé en Cyrénaïque.

Hauteur : 0 m. 47. Voir planche XXIV.

230. — CRATÈRE.

Scène de gynécée. Une femme assise portant un miroir, un cygne sur les genoux, et deux autres femmes debout.

Au revers, trois personnages debout.

Figures rouges rehaussées de blanc et de jaune sur fond noir.

Hauteur : 0 m. 265.

231. — ŒNOCHOÉ.

Deux hommes vêtus de la chlamyde à côté d'un homme nu portant un strigile.

Figures rouges sur fond noir.

Hauteur : 0 m. 165.

232. — AMPHORE.

Dessins géométriques blancs et crème sur fond rouge. Au pied de chaque anse, un masque.

Hauteur : 0 m. 145.

233. — COUPE.

Dessins géométriques. *Peinture brune. Terre rouge.*

234. — PROCHOUS.

Elle est façonnée en tête de femme coiffée d'un kékryphale.

Le col du vase est trilobé.

Traces de coloration rouge.

Hauteur : 0 m. 41.

235. — LÉCYTHE ARYBALLISQUE.

Scène de gynécée. Au revers, une palmette.

Figures jaunes rehaussées de blanc et de brun sur fond noir. Sous le tableau, traces de couleur rouge.

Hauteur : 0 m. 23.

236. — PELIKÈ.

Jeune femme debout, une colombe posée sur sa main droite. De la main gauche elle tient une coupe.

Au revers, éphèbe.

Figures rouges sur fond noir.

Hauteur : o m. 25.

237. — LÉCYTHE.

Homme terrassant un animal. A gauche, un homme debout.

Figures noires sur fond rouge.

Hauteur : o m. 15.

238. — LÉCYTHE.

Deux personnages assis, drapés.

Au milieu, un arbre portant des fruits.

Figures noires sur fond rouge. Rehauts blancs et bruns.

Hauteur : o m. 145.

239. — LÉCYTHE.

Dessins géométriques bruns sur fond blanc.

Hauteur : o m. 142.

240. — HYDRIE.

Dessins géométriques gravés. *Cercles peints en rouge. Fond noir.*

Hauteur : o m. 177.

241. — FIGURE AILÉE.

Elle se trouve à mi-corps sur un vase, devant le goulot, et porte des fruits dans le pli de sa robe.

Hauteur : o m. 195.

242. — AMPHORE.

Deux chevaux marins. *Palmettes et frise.*

Figures noires sur fond jaune.

Hauteur : o m. 217.

243. — CRATÈRE.

Éros entre deux personnages debout. Au revers, deux autres personnages conversant. *En bordure, une couronne de lauriers.*

Figures rouges sur fond noir. Rehauts blancs et jaunes.

Hauteur : o m. 184.

244. — ŒNOCHOÉ.

Cannelures sur la panse. *Traces de couleur rouge.*

Hauteur : o m. 30.

245. — VASE.

Sur la partie supérieure de l'anse, une tête ailée. Sur la panse, tête de femme.

Hauteur : o m. 34.

246. — TROIS PETITS VASES.
Aryballe corinthien.
Vase en forme d'amande.
Petite amphore.
Trois pièces.

247. — DEUX LÉCYTHES ARYBALLISQUES.
Chouette et dessins géométriques.
Figures rouges sur fond noir.
Deux pièces.

248. — LOT DE TROIS PETITS VASES.
Dessins géométriques et figures en relief.

TROIS PETITS VASES.
Six pièces.

249. — FLACONS JUMEAUX.

PETIT VASE.
Terre noire.
Deux pièces.

BRONZES GRECS ET ROMAINS

250. — TROIS PIEDS DE COUPE.

Serres d'épervier reposant sur une rondelle. A califourchon sur le haut de la patte, un athlète, les mains sur les hanches, les jambes fléchies, les pieds en arrière, les cheveux longs tombant sur les épaules, un bandeau sur le sommet de la tête. En arrière deux ailes.

Travail archaïque. VIe *siècle avant J.-C. Trois pièces.*
Hauteur : 0 m. 11. Voir planche XXXI.

251. — ŒNOCHOÉ.

Sur le goulot et à l'extrémité supérieure de l'anse, deux lions accroupis. Sur la panse et à l'autre extrémité de l'anse, deux têtes de bélier et une palmette.

Travail archaïque. VIe *siècle avant J.-C.*
Hauteur : 0 m. 235.

252. — HERAKLES.

Le bras gauche étendu horizontalement en avant, le bras droit plié à angle droit et rejeté en arrière, dans la position de frapper avec la massue.

Travail primitif.

Hauteur : 0 m. 08.

253. — GROUPE DE QUATRE CHEVAUX.

Travail primitif.

Hauteur : 0 m. 05.

254. — SITULE.

Deux anses pliantes. Sur le rebord, une tête d'Aphrodite, et une tête de lion servant de déversoir.

Travail du IIIe *sicèle avant J.-C.*

Hauteur : 0 m. 18.

255. — APHRODITE ENLEVANT SA SANDALE.

Elle est debout sur la jambe droite, la jambe pliée au genou, le bras droit vertical, le coude approché de la cuisse, la main ouverte touchant légèrement le mollet gauche, le bras gauche horizontal et légèrement plié. La tête est inclinée vers la droite et coiffée en bandeaux. Quelques tresses descendent sur la nuque et les épaules. Mouvement très élégant.

Socle en marbre. Voir le bronze du Cabinet des Antiques (Collection H. de Janzé).

Travail alexandrin.

Hauteur : 0 m. 15. Voir planche XXIX.

256. — APHRODITE ANADYOMÈNE.

Elle est debout sur la jambe gauche, la jambe droite pliée au genou, la pointe du pied droit touchant le sol. La tête est légèrement inclinée vers la droite. Elle tient une tresse dans chaque main.

Travail alexandrin.

Hauteur : 0 m. 146. Voir planche XXIX.

257. — ATHLÈTE.

Il est en train d'être soulevé par son adversaire qui lui entoure l'abdomen de ses deux bras puissants, les mains jointes. Avec ses deux mains il essaye de se dégager en saisissant les poignets de son adversaire. La jambe droite est entièrement pliée, la pointe du pied inclinée vers le sol. La jambe gauche est à moitié fléchie. La tête est tournée vers la droite et le visage exprime un grand effort. Un court toupet partant de l'occiput, les cheveux coiffés en arrière.

Art alexandrin.

Hauteur : 0 m. 14. Voir planche XXIX.

258. — GANYMÈDE.

Il est debout sur la jambe gauche, la main droite levée en avant, la main gauche tenant une des pattes de l'aigle qui se trouve derrière et pose ses serres sur ses deux hanches. Le grand oiseau penche sa tête à droite.

Art alexandrin.

Hauteur : o m. o85.

259. — ÉROS.

Il est assis, la jambe droite allongée, la gauche repliée. Dans sa main droite il porte une grappe de raisin.

Art alexandrin.

Hauteur : o m. o75. Voir planche XXX.

260. — ÉROS.

Il est assis, la jambe droite allongée, la gauche repliée.

Dans sa main gauche il porte une lampe.

Art alexandrin.

Hauteur : o m. o6.

261. — DIONYSOS.

Il est debout sur la jambe droite, la jambe gauche légèrement pliée. Il penche la tête en avant et vers la gauche. Il tient son bras gauche élevé. Il est chaussé de sandales. Deux boucles lui retombent sur la poitrine.

Art alexandrin.

Hauteur : o m. 21. Voir planche XXIX.

262. — TAUREAU.

Il marche la tête tournée vers la droite. C'était un brûle-parfum comme l'attestent les deux trous qui sont au milieu du dos et au milieu des cornes.

Travail alexandrin du IIIe *siècle avant J.-C. Trouvé en Grande Grèce.*

Hauteur : o m. o8. Voir planche XXX.

263. — SANGLIER.

Il est assis, la tête regardant vers la droite.

Travail alexandrin.

Hauteur : o m. o65.

264. — CANTHARE.

Forme très élégante. Très jolie patine.

Trouvé en Grèce. IIIe *siècle avant J.-C.*

Hauteur : o m. 10. Voir planche XXX.

265. — APPLIQUE.

Tête de faune légèrement tournée vers la gauche, le regard dirigé vers le haut. Dans les cheveux, des grappes de raisin et des feuilles de lierre.

Trouvée à Elis. IIe *siècle avant J.-C.*

Hauteur : 0 m. 17. Voir planche XXX.

266. — COLOMBE.

Elle est debout, la tête tournée vers la gauche.

Travail ombrien.

Longueur : 0 m. 12.

267. — ACTEUR COMIQUE.

Il est assis avec le masque comique sur le visage, regardant à sa droite vers le haut, les jambes croisées. Il porte un himation qui enveloppe le bas du corps en laissant libre le côté droit du buste. Son visage s'appuie sur la main gauche. Il tient sa main droite horizontale contre le corps et au-dessous de la poitrine.

Art alexandrin.

Hauteur : 0 m. 05.

268. — APHRODITE ACCROUPIE.

Elle s'appuie sur le pied droit, la tête légèrement inclinée vers la droite, les deux mains sur la poitrine. Coiffée en bandeaux, des mèches retombent sur ses épaules.

Travail alexandrin.

Hauteur : 0 m. 065.

269. — NIKÉ.

Elle est debout, portant une couronne. Sa robe est gonflée par le vent.

Beau travail de l'époque d'Auguste.

Trouvée dans le Tibre.

Hauteur : 0 m. 29. Voir planche XXVI.

270. — ISIS.

Elle est debout sur la jambe gauche. La jambe droite est légèrement pliée au genou, le pied tourné vers la droite. Elle est vêtue d'un long chiton plissé et d'une stola nouée entre les seins. Elle est coiffée en bandeaux, le chignon sur la nuque, des boucles tombant sur les épaules et le cou. La tête est légèrement penchée vers la gauche.

Beau travail alexandrin.

Hauteur : 0 m. 33 .Voir planche XXVII.

271. — ANSE DE SEAU.

Sur la partie supérieure deux personnages couchés, vêtus d'un manteau, leur découvrant la poitrine, tenant respectivement dans leur main gauche et droite une patère. Au milieu, entre les pieds des deux personnages, se trouve un cratère. Les extrémités de l'anse sont recourbées et finissent en fleurs de lotus.

Ancienne collection Barberini. Fouilles de Palestrina.

Longueur : o m. 225. Voir planche XXX.

272. — BATELEUR.

Il s'apprête à faire la culbute. Il tient son corps plié sur les reins, ses deux mains appuyées sur le sol, la tête renversée en arrière, la poitrine bombée, les jambes fléchies, les pieds touchant à peine le sol.

Anse de vase. Très beau travail ombrien.

Hauteur : o m. 062. — Longueur : o m. 11. Voir planche XXXI.

273. — APHRODITE.

Elle est debout sur la jambe gauche, la jambe droite pliée au genou, le pied en arrière et oblique. Le bras gauche est plié au coude, la main gauche retournée, le pouce et l'index se réunissant. La tête est légèrement tournée vers la droite. Les cheveux sont coiffés en bandeaux et entourés d'un diadème. Deux tresses retombent sur chaque épaule. Un collier avec pendeloques entoure le cou. Boucles d'oreille, un bracelet à chaque bras entre le coude et l'épaule. Les yeux sont creux.

Travail syrien.

Hauteur : o m. 455. Voir planche XXVIII.

274. — SILÈNE.

Il est debout, entièrement nu, tenant une coupe dans la main gauche, une draperie recouvrant son épaule gauche et son avant-bras. Le bras droit levé. Le tête penchée vers la gauche et regardant vers le sol, des feuilles de vigne dans les cheveux.

Il est en état d'ivresse.

Travail gallo-romain.

Trouvé à Meung (Loire).

Hauteur : o m. 145. Voir planche XXXI.

275. — GAULOIS A CHEVAL

Applique. Il est vêtu d'une chlamyde et coiffé d'un bonnet, portant les cheveux longs, et la barbe. De la main gauche il tient la crinière du cheval.

Trouvé en France. Travail gallo-romain.

Hauteur : o m. 20. Voir planche XXXII.

276. — ÉROS ENFANT.

En train de jouer avec une balle. Il est debout sur la jambe gauche le visage tourné vers le haut, le bras droit vertical, le bras gauche plié à angle droit, les ailes déployées. Il semble attendre que la balle retombe pour la saisir.

Hauteur : o m. 115. Voir planche XXX.

277. — JEUNE ROMAIN.

Il est debout, drapé d'une longue toge, le bras gauche levé, la tête légèrement inclinée vers la droite.

Bronze d'une grande finesse, de l'époque d'Auguste.

Hauteur : o m. 08.

278. — DEMETER.

La divinité est debout, tenant dans la main gauche un bâton et dans la main droite deux épis.

Hauteur : o m. 135.

279. — CAVALIER.

Les deux bras écartés.

Hauteur : o m. 057.

280. — LARE.

Il est debout, les deux mains en avant, une corne d'abondance dans la main gauche, vêtu d'une chlamyde.

Hauteur : o m. 10. Voir planche XXX.

281. — HARPOCRATE-PANTHÉE.

Il est debout, une corne d'abondance dans la main gauche, coiffé d'un pschent égyptien. A son côté droit, un oiseau debout.

Hauteur : o m. 067.

282. — ZEUS.

Il est debout sur sa jambe gauche, le pied droit posé sur un rocher. Il tient dans sa main gauche le trident.

Hauteur : o m. 06.

283. — HÉRAKLES.

Il est debout, la peau de lion sur son épaule gauche.

Hauteur : o m. 08.

284. — HÉRAKLES.

Il est debout appuyé sur sa massue. Sa main droite est posée en arrière. La tête est tournée vers la gauche. Dans les cheveux une couronne.

Socle en bronze.

Hauteur : o m. 09.

285. — BUSTE DE SÉRAPIS.

Il est coiffé du modus en avant duquel se trouve le disque solaire.

Hauteur : o m. 09.

286. — SÉRAPIS.

Le dieu est debout, le bras gauche levé. Il est vêtu d'une chlamyde et coiffé du modus.

Hauteur : o m. 13. Voir planche XXX.

287. — CANDÉLABRE.

Pied en forme de trois pattes de lion, séparées par une palmette. Anneau festonné à la base.

Hauteur : o m. 86.

STATUETTES EN TERRE CUITE

Grèce. Tanagra

288. — DANSEUSE.

Elle est drapée dans l'himation, la main gauche à la hanche, la main droite tirant son vêtement sur le genou droit. Coiffure haute.

Traces de peinture. Style archaïque.

Hauteur : 0 m. 20.

289. — JEUNE TANAGRÉENNE.

Elle est debout sur la jambe droite, la jambe gauche écartée et légèrement pliée. Son bras droit nu tombe le long du corps, la main gauche sur la hanche tenant un éventail. Elle est vêtue du péplos, sa tête couronnée de feuilles de lierre, et inclinée vers la gauche. Son himation est complètement rejeté derrière ses épaules.

Très joli Tanagra.

Hauteur : 0 m. 23. Voir planche XXXIII.

290. — HOMME DEBOUT.

Il est vêtu de la chlamyde et coiffé du pétase.

Hauteur : 0 m. 24.

291. — FEMME DEBOUT.

Elle est drapée dans l'himation, la main gauche soulevant les pans de son vêtement, la main droite appuyée sur la poitrine.

Hauteur : 0 m. 23.

292. — FEMME DEBOUT.

Elle est drapée dans l'himation, la main gauche soulevant les plis de son vêtement, la main droite sur la poitrine. Elle est coiffée en bandeaux réguliers qui se rejoignent en un chignon circulaire.

Hauteur : 0 m. 225.

293. — JEUNE FEMME DEBOUT.

Elle est drapée, dans l'himation, la main droite à la hanche, la main gauche retenant les plis de sa draperie, la tête entourée de l'himation.

Hauteur : 0 m. 235.

Époque Alexandrine, IIe siècle avant J.-C.

294. — ENFANT ASSIS SUR UN CHIEN.

Il est à moitié nu, les deux mains tenant la tête du chien.

Hauteur : 0 m. 11.

295. — GROTESQUE ASSIS.

Il est bossu, entièrement nu, les mains sur les genoux, des amulettes autour du cou. *Les deux faces sont percées de trous.*

Hauteur : 0 m. 16.

296. — ENFANT ASSIS.

Il est accroupi à terre ; à sa droite un balustre surmonté d'un épervier. *Terre rouge.*

Hauteur : 0 m. 16.

297. — PETIT FAUNE.

Il est debout et tient un vase dans sa main gauche, sa main droite près de la bouche.

Hauteur : 0 m. 19.

298. — ENFANT ASSIS.

Il tient un vase dans sa main gauche et l'index de la main droite dans la bouche.

Hauteur : 0 m. 16.

299. — BUSTE DE GROTESQUE.

Il est nu, bossu, le ventre ballonné, les mains sur les hanches.

Hauteur : 0 m. 10.

300. — FEMME DEBOUT.

Elle est drapée dans l'himation, coiffée en pointe avec un chignon au sommet de la tête. Un bandeau circulaire sur le front.

Hauteur : 0 m. 25.

301. — GROUPE DE DEUX CHIENS.

Hauteur : 0 m. 105.

302. — FEMME ASSISE SUR UN CHAMEAU.

L'animal marche vers la droite, la femme est assise face en avant. Elle est drapée.

Tête du chameau en plâtre.

Hauteur : 0 m. 165

303. — ENFANT ASSIS.
Il tient l'index de sa main droite dans la bouche, et pose sa main gauche sur un vase. Il porte une couronne de fruits dans les cheveux.
Hauteur : 0 m.12.

304. — BUSTE DE FEMME.
La tête est inclinée vers la gauche.
Hauteur : 0 m. 095.

305. — FEMME DEBOUT.
Elle est drapée, les jambes réunies, une haute coiffure dans les cheveux.
Hauteur : 0 m. 215.

306. — FEMME ASSISE.
Elle est drapée, la main droite tenant le couvercle d'une urne qui se trouve à son côté droit.
Hauteur : 0 m. 15.

307. — FEMME DEBOUT.
Elle est drapée, portant une urne appuyée sur son genou droit et en train de verser le contenu de cette urne.
Hauteur : 0 m. 13.

308. — ÉROS.
Il est debout, entièrement nu, coiffé d'un bonnet phrygien.
Hauteur : 0 m. 11.

309. — FEMME ASSISE.
Elle est drapée et tient un chien sur ses genoux.
Hauteur : 0 m. 12.

310. — TIRE-LIRE.
Sur le devant, petit bas-relief représentant des personnages assis, et deux taureaux.
Hauteur : 0 m. 10.

311. — SILÈNE.
Il est assis sur un rocher, entièrement nu, une partie de sa draperie lui entourant la ceinture. Il porte une patère dans la main gauche, et pose sa main droite sur le rocher.
Hauteur : 0 m. 17.

312. — ENFANT.
Il est drapé, assis sur un lit de repos, en train de jouer, tenant des fruits dans sa main gauche ; un petit chien est à sa droite.
Hauteur : 0 m. 11.

313. — ÉROS.
Il est drapé, debout, un serpent enroulé autour de son corps. il porte un petit vase dans la main droite. Une petite colonne à sa droite.
Hauteur : o m. 19.

314. — NEREIDE.
Elle est à genoux, entièrement nue, le cheveux dénoués, les bras tendus en avant, les mains ouvertes, une coquille sur son dos.
Hauteur : o m. 17.

315. — PETIT AUTEL.
Sur la face principale un petit Éros tenant une corne d'abondance dans la main gauche, et la main droite dans sa bouche. Au-dessus, quelques motifs décoratifs.
Hauteur : o m. 097.

316. — PETIT CHIEN.
Debout, la tête face en avant.
Hauteur : o m. 05.

317. — CHIEN.
Il est debout, la tête tournée vers la droite, les oreilles dressées, la queue relevée.
Hauteur : o m. 14.

318. — FEMME DEBOUT.
Elle est entièrement nue, deux colliers descendant sur la poitrine. Elle porte sur sa tête un panier qu'elle soutient avec ses deux mains.
Hauteur : o m. 20.

319. — PRÊTRE DEBOUT.
Il est vêtu d'une tunique ajustée à la taille sur laquelle est tendu un manteau ouvert qui lui couvre les épaules ; les mains ouvertes et écartées, les coudes collés au corps.
Hauteur : o m.22.

320. — ATHLÈTE DEBOUT.
Il porte le poids de son corps sur la jambe gauche qui est légèrement fléchie. Sa jambe droite est tournée vers la droite. La poitrine et la tête face en avant. Le bras droit tendu, la main gauche contenant les pans de son himation qui passe sur son épaule gauche.
Hauteur : o m. 275.

321. — MENDIANT DEBOUT.
Il est entièrement nu, la main droite dans sa barbe, la tête penchée en avant.
Hauteur : o m. 175.

322. — SATYRE DEBOUT.
Il porte une massue dans sa main gauche. Traces de peinture rouge.
Hauteur : 0 m. 18.

323. — ENFANT ASSIS.
Il est en train de jouer avec une oie.
Hauteur : 0 m. 093.

324. — JEUNE FILLE ASSISE.
Elle est drapée, la tête face en avant.
Hauteur : 0 m. 09.

325. — PERSONNAGE ASSIS.
Hauteur : 0 m. 10.

326. — ENFANT ASSIS SUR UN SIÈGE.
Il est nu, portant un manteau autour de ses épaules. Sur sa tête une couronne.
Hauteur : 0 m. 13.

327. — FEMME DEBOUT.
Elle est drapée dans l'himation, la tête inclinée vers la gauche, les mains réunies en avant.
Hauteur : 0 m. 16.

328. — GROTESQUE.
Il a la bouche ouverte, drapé dans un vêtement serré à la taille.
Hauteur : 0 m. 235. Voir planche XXXIII.

329. — ENFANT COUCHÉ SUR UNE BARQUE.
Il est vêtu d'un himation noué sur l'épaule gauche, appuyant son bras gauche sur un coussin, coiffé d'un bonnet pointu.
Longueur : 0 m. 19.

330. — PERSONNAGE DEBOUT.
Il se tient sur la jambe gauche, devant laquelle la jambe droite est pliée, la pointe du pied droit reposant sur le sol. Son bras droit s'appuie sur un bouclier adossé à une colonne surmontée d'un chapiteau et d'une tête de cygne.
Hauteur : 0 m. 195.

331. — ÉROS.
Hauteur : 0 m. 115.

332. — FEMME COUCHÉE SUR UN LIT DE REPOS.
La poitrine entièrement nue.
Peinture rouge et blanche.
Hauteur : 0 m. 125.

333. — FEMME DEBOUT.
Drapée dans l'himation, les bras cachés sous son vêtement.
Hauteur : o m. 55.

334. — APHRODITE AU BAIN.
Elle est accroupie, en train d'arranger ses cheveux. Derrière elle, un vase recouvert d'une draperie.
Hauteur : o m. 125.

335. — ENFANT DEBOUT.
Il tient dans sa main droite un masque théâtral. Il est vêtu d'un himation laissant le torse nu. Dans sa main gauche il tient les pans de son vêtement. Il est coiffé d'une couronne.
Hauteur : o m. 16.

336. — PERSONNAGE DEBOUT.
Il joue de la flûte, drapé, la tête entourée d'un cercle.
Hauteur : o m. 11.

337. — FILLETTE DEBOUT.
Elle joue du tambourin. Elle est drapée, la tête recouverte d'un cercle.
Hauteur : o m. 125.

338. — BUSTE DE FEMME.
Sur sa poitrine, un aigle la tête tournée vers la droite. Sur l'épaule gauche, un médaillon.
Hauteur : o m. 183.

339. — FEMME DEBOUT.
Elle est vêtue du chiton. Une chaîne descend sur sa poitrine entre ses seins, d'où elle repart autour des hanches.
Hauteur : o m. 22.

340. — GRANDE STATUETTE D'APHRODITE ORIENTALE.
Elle est nue et debout dans la raideur du style hiératique, les bras pendants et collés au corps. Son immense coiffure est particulièrement intéressante. Au-dessus du front, une perruque aux cheveux bouclés et ceinte d'une tenie, puis quatre cercles superposés en forme de disques.
Hauteur : o m. 35.

341. — GROTESQUE.
Il est debout, tenant dans sa main gauche une petite amphore. Il est coiffé d'un bonnet phrygien. Au bas du ventre une large ouverture.
Hauteur : o m. 255. Voir planche XXXIII.

342. — BAS-RELIEF.
Bacchanale. Dans le haut une frise avec ornements.
Hauteur : o m. 28

343. — BAS-RELIEF.

Acteur debout tenant dans sa main gauche un masque théâtral. Il est nu, un manteau jeté sur son épaule et retombant en avant.

Hauteur : 0 m. 61. Voir planche XXXIII.

344. — PETIT SARCOPHAGE.

Sur le devant, un bas-relief représentant une scène de combat.

Sur le couvercle, un personnage couché, drapé, tenant une coupe dans sa main droite, et dans sa main gauche un pan de sa robe.

Traces de coloration.

Hauteur : 0 m. 587.

345. — LAMPE.

En forme de pied.

346. — LANTERNE.

Forme cylindrique. Au centre, une tête de silène.

347. — LAMPE.

En forme d'autel.

348. — LANTERNE.

Forme cylindrique. Au centre un masque grimaçant.

349. — LAMPE.

En forme de tête de taureau.

PETITE LAMPE.

Deux pièces.

350. — LAMPE.

En forme de tête de satyre. *Terre rouge.*

351. — LAMPE.

Au centre, une Fortune tenant une corne d'abondance.

352. — LAMPE.

Au centre, un petit amour assis sur un lion marin.

Terre noire.

353. — LAMPE.

Au centre, un animal fantastique.

354. — LAMPE.

Au milieu, une urne entre quatre animaux.

Terre rouge.

355. — LAMPE.

Au milieu, un vase et deux lions. servant d'anses.

Inscription : *C.IVN.BIT.*

356. — PETIT ENFANT.
Il est nu, tenant un dyptique ouvert dans sa main gauche.
Fragment,
Hauteur : 0 m. 065.

357. — TÊTE DE FEMME.
Bandelette dans les cheveux.

358. — TÊTE DE FEMME.
Cheveux en bandeaux.

359. — TÊTE DE FEMME.
Coiffée d'une épaisse couronne.

360. — TÊTE DE FEMME.
Bandelette dans les cheveux.

361. — TÊTE DE FILLETTE.
Les cheveux bouclés, la tête tournée vers la droite.
Hauteur : 0 m. 06.

362. — LOT DE CINQ TÊTES DIVERSES.

363. — MASQUE DE THÉATRE.
Un des yeux manque.
Hauteur : 0 m. 115.

TÊTE DE FEMME.
Deux pièces.
Hauteur : 0 m. 075.

364. — MASQUE DE SILÈNE.

365. — MASQUE DE SILÈNE.
Le front chauve, la bouche ajourée, la barbe et les moustaches à longues boucles.

366. — MASQUE DE FEMME.
Coiffure haute.
Hauteur : 0 m. 17.

367. — MASQUE DE THÉATRE.

368. — DEUX MASQUES DE THÉATRE.
MASQUE EN PLATRE.
Trois pièces.

369. — DEUX COUPES ET UN MÉDAILLON.
Avec figures diverses.
Trois pièces.

Asie Mineure

370. — FEMME DEBOUT.

Elle est drapée dans l'himation, la main gauche à la hanche.

Email gris. Très rare.

Hauteur : 0 m. 23.

371. — FEMME DEBOUT.

Elle est drapée dans l'himation, la main gauche à la hanche.

Terre cuite à émail gris. Très rare.

Hauteur : 0 m. 23.

372. — FEMME ASSISE SUR UN SIÈGE.

Elle s'appuie par son coude gauche sur le dossier du siège. Elle est drapée, coiffée en bandeaux, deux tresses tombant sur ses épaules.

Hauteur : 0 m. 165. Voir planche XXXIII.

373. — FEMME ASSISE.

Elle est vêtue du peplos, la main gauche s'appuyant sur le siège, la main droite posée entre les deux genoux. La tête est légèrement inclinée à droite et son attitude exprime la rêverie. Elle a laissé tomber son himation.

Traces de peinture.

Hauteur : 0 m. 24.

374. — FEMME DEBOUT.

Elle est vêtue d'un himation dont elle a rejeté un des plis sur son épaule gauche, le bras droit plié sous les seins, le bras gauche rejeté en arrière. Elle est coiffée d'une couronne de fleurs rouges sur laquelle sont piquées des feuilles de lierre et quelques baies dorées.

Hauteur : 0 m. 29.

Statuettes modernes

375. — FEMME ASSISE.

Elle est drapée, le buste renversé en arrière, les cheveux dénoués, le bras gauche entourant la tête, le bras droit pendant.

Hauteur : 0 m. 19

376. — APHRODITE ET ÉROS.

Aphrodite est assise au pied d'une stèle surmontée d'un motif en forme de fleur. Éros se tient à droite.

Hauteur : 0 m. 17.

377. — APHRODITE COUCHÉE.

Elle est en train de reposer, la tête sur un coussin. Éros la découvre, tenant son vêtement entre ses mains.

Hauteur : 0 m. 19.

378. — APHRODITE JOUANT AVEC ÉROS.

Elle est vêtue du peplos et en train de lancer une pomme à Éros qui se trouve à sa droite.

Hauteur : 0 m. 24.

379. — JEUNE FEMME DEBOUT.

Elle est drapée dans l'himation, tenant une bourse dans la main gauche.

Hauteur : 0 m. 215.

380. — JEUNE FEMME DEBOUT.

Drapée, les mains cachées sous son himation.

Hauteur : 0 m. 23.

381. — JEUNE FEMME DEBOUT.

Elle se tient sur la jambe droite, devant laquelle passe sa jambe gauche pliée et rejetée vers la droite, la pointe du pied touchant le sol. Elle est accoudée à gauche sur un cippe le long duquel descendent quelques plis de son himation. Elle tient son bras droit sur sa poitrine audessous des seins. Elle est harmonieusement drapée, les épaules nues.

La tête est penchée vers la droite.

Hauteur : 0 m. 235.

382. — JEUNE FEMME ASSISE.

Elle est vêtue d'un peplos plissé ouvert en pointe sur la poitrine. Elle relève un des pans de son himation dans sa main gauche sur laquelle elle appuie sa tête d'un geste mélancolique. Sa main droite s'appuie sur le siège où elle est assise, ses cheveux sont coiffés en bandeaux, plusieurs mèches descendant sur le cou.

Hauteur : 0 m. 17.

IVOIRES

383\. — BAS-RELIEF.

Une femme entièrement nue, la tête tournée vers la gauche, danse en balançant un voile. A sa gauche un pilastre surmonté d'une couronne.

Travail alexandrin.

Hauteur : 0 m. 09. Voir planche XXXV.

384\. — BAS-RELIEF

Buste d'Aphrodite Anadyomène.

Travail alexandrin.

Hauteur : 0 m. 07. Voir planche XXXV.

385\. — BAS-RELIEF.

Une femme nue tournant la tête vers la droite joue du tambourin d'un geste nonchalant. Un manteau lui tombe sur les épaules.

Travail alexandrin.

Hauteur : 0 m. 075. Voir planche XXXV.

386\. — BAS-RELIEF.

Dionysos jeune debout, le bras gauche élevé au-dessus de la tête.

Travail alexandrin.

Hauteur : 0 m. 075. Voir planche XXXV.

387\. — BAS-RELIEF.

Bacchanale. Deux personnages debout avec un chien.

Travail alexandrin.

Hauteur : 0 m. 07. Voir planche XXXV.

388\. — BAS-RELIEF.

Sous une arcade est logée une coquille au-dessous de laquelle on aperçoit une tête de femme et une corne d'abondance. Dans le haut une petite rosace.

Travail alexandrin.

Hauteur : 0 m. 08.

389\. — BAS-RELIEF.

Masque de méduse.

Travail alexandrin.

Hauteur : 0 m. 082. Voir planche XXXV.

390\. — BAS-RELIEF.

Tête de Dionysos de profil. Feuilles de lierre dans les cheveux.

Travail alexandrin.

Hauteur : 0 m. 04 : Voir planche XXXV.

391. — TESSÈRE.

Forme carrée. Dans un double cercle est gravé un buste de femme drapée. La tête est inclinée vers le bas.

Travail alexandrin.

Hauteur : 0 m. 041. Voir planche XXXV.

392. — BAS-RELIEF.

Chapiteau corinthien.

Travail alexandrin.

Hauteur : 0 m. 056.

393. — PLAQUETTE.

Dessins géométriques et deux petites feuilles gravées.

Travail alexandrin.

Largeur : 0 m. 085

394. — DIONYSOS.

Il est debout, accoudé voluptueusement, les jambes croisées, la tête penchée vers la gauche, entièrement nu, sauf un léger voile qui lui entoure le bras gauche et descend entre ses deux jambes.

Sur la cuisse gauche, un fragment de bras provenant d'une figure qui a disparu.

Travail alexandrin.

Fragment d'un bas-relief d'une très grande rareté : on connaît très peu d'objets en ivoire de ce genre et de cette époque. Publié dans « le Musée » 1897 p. 259..

Hauteur : 0 m. 34. Voir planche XXXIV.

395. — PIED.

Il est chaussé d'une sandale.

Trouvé dans une ciste. Travail alexandrin.

Longueur : 0 m. 10.

396. — MASQUE DE THÉATRE.

Tête de méduse avec un ruban dans les cheveux. Elle présente la particularité d'avoir les yeux pleins.

Travail alexandrin.

Hauteur : 0 m. 08. Voir planche XXXV.

397. — ATHENÉ.

De profil.

Travail alexandrin très fin.

Hauteur : 0 m. 045. Voir planche XXXV.

398. — APPLIQUE DE MEUBLE.

Tête de satyre barbu, avec une couronne de lierre dans les cheveux.

Travail alexandrin.

Hauteur : 0 m. 095. Voir planche XXXV.

399. — APPLIQUE DE MEUBLE.
Tête de cheval, regardant vers la droite.
Travail alexandrin.
Longueur : o m. 075. Voir planche XXXV.

400. — STATUETTE.
Momie.
Travail égyptien.
Hauteur : o m. 075. Voir planche XXXV.

ORFÈVRERIE

401. — COLLIER.
Trois pendeloques en forme de têtes de bélier et de lions.
Or. Travail grec. Trouvé en Sicile.
Longueur : o m. 17. Voir planche XXXVIII.

402. — PAIRE DE BOUCLES D'OREILLE.
Rosaces en or, soutenant des chaînettes, avec pierres et perles. Au milieu deux coqs émaillés.
Travail grec.
Voir planche XXXVIII.

403. — PAIRE DE BOUCLES D'OREILLE.
Disques d'or dont le centre est orné d'une rosace en pierre dure. En pendeloque, deux colombes en jacinthe finement taillée.
Travail alexandrin en or. Trouvé à Canosa.
Voir planche XXXVIII.

404. — BAGUE.
Dans le chaton, un médaillon en cornaline gravée : Hérakles portant un taureau sur ses épaules.
Travail grec en or, monture romaine.
Voir planche XXXVIII.

405. — MÊNADE DANSANT.
Elle est debout sur la jambe droite qui est tendue, le pied gauche en arrière, la pointe dirigée vers le sol, son bras gauche est levé, légèrement plié, la paume de la main tournée en arrière. Le bras droit écarté, la main ouverte. Elle est vêtue d'un péplos noué sur les épaules et serré à la taille par une petite ceinture qui tient relevés les pans du vêtement.

La tête est tournée vers la gauche, les cheveux coiffés soigneusement et aboutissant à un chignon situé sur le sommet de la tête.

Très beau travail alexandrin, en argent, fondu en parties pleines et vides. Socle en marbre rouge de Grèce.

Hauteur : o m. 20. Voir planche XXXVII.

406. — APHRODITE AU MIROIR.

Elle est debout, entièrement nue, la jambe droite légèrement fléchie. Elle est en train de se contempler dans le miroir qu'elle tient dans la main droite. Diadème dans les cheveux. Chignon sur la nuque.

Statuette en argent. Socle en lapis. Epoque alexandrine, IIe *siècle avant J.-C.*

Hauteur : o m. 12. Voir planche XXXVI.

407. — PAIRE DE BOUCLES D'OREILLE.

Une rosace en or ; en son milieu, un disque en grenat ; à cette rosace est suspendue une petite amphore en or et pâte de verre. En dessous, un anneau fermé par une tête de panthère.

Travail phénicien en or.

Voir planche XXXVIII.

408. — BOUCLE.

Travail romain en or.

409. — AIGUIÈRE ET PATÈRE.

L'anse de l'aiguière repose sur la panse par trois branches portant chacune une feuille. Sur le pied une bordure de petites sphères, même bordure autour de la patère.

Argent massif. Travail chrétien du IVe *siècle. Ces deux objets servaient très probablement pour le service lithurgique.*

Sous le piédouche de la patère : "Cachet de Vabalathus" en lettres grecques du IVe *siècle.*

Hauteur de l'aiguière : o m. 37. — Diamètre de la patère : o m. 17. Voir planche XXXVI.

410. — COLLIER.

Grande arête de poisson. Il se compose d'une série de petites barrettes en or, chacune divisée en compartiments de forme triangulaire et circulaire en émail blanc et vert. Au-dessous de chaque barrette, deux chaînettes en or portant une feuille de vigne, émaillée de vert.

Travail de Byzance du Ve *siècle, en or émaillé.*

Trouvé à Constantinople.

Longueur : o m. 29. Voir planche XXXVIII

411. — PLAQUETTE.

Au milieu le Père Éternel assis. De chaque côté les douze apôtres par groupes de deux. Dessins géométriques en bordure.

Travail byzantin, en or repoussé. Trouvé à Constantinople.

Longueur : 0 m. 17. Voir planche XXXVIII.

412. — COUPE.

Au milieu, le Père Éternel bénissant. Autour une couronne de raisins et de feuilles de vigne. Sur les parois intérieures de la coupe, les douze apôtres, chacun dans un médaillon; les médaillons sont séparés par de petites colonnes à festons.

Fond en émail gris, vert et bleu. Travail en or repoussé. Style byzantin.

Diamètre : 0 m. 103.

413. — QUATRE BOUCLES.

Travail en or.

DEUX AMULETTES.

Une en or, l'autre en argent.

Six pièces.

OBJETS DIVERS

414. — SARCOPHAGE.

Rosaces et festons en relief.

Travail en terre cuite.

Hauteur : 0 m. 33.

415. — FRAGMENT DE COLONNE.

En marbre. Inscription arabe.

416. — COUPE.

Elle repose sur un socle en onyx oriental.

Travail en onyx oriental. Trouvée à Alexandrie.

Hauteur : 0 m. 41.

417. — DEUX INTAILLES.

Tête de roi gravée. Buste avec longue coiffure.

418. — LOT DE DIX MONNAIES.

Athènes, Ptolémée, Vélia, Larissa, Corinthe, etc.

En argent.

419. — COUPE EN BRONZE.
FRAGMENTS DE BRONZE ET TERRE CUITE.

420. — SCEAU BABYLONIEN.
En pierre.

421. — DEUX FRAGMENTS DE VERRE.
DEUX BOUCHONS EN PATE DE VERRE BLEUE.
Quatre pièces.

422. — BAS-RELIEF.
Ane marchant vers la gauche.
Plomb.
Hauteur : o m. 045.

423. — BAS-RELIEF.
Personnage debout tenant un objet dans la main droite.
Plomb.
Hauteur : o m. 037.

424. — PETITE PATÈRE.
Au milieu, une tête de femme tournée vers la droite. Autour six griffons. Derrière, une rosace.
Plomb.
Diamètre : o m. 05.

425. — TESSÈRE.
Femme assise. Au revers, une couronne de lauriers.
Plomb.

Pl. I

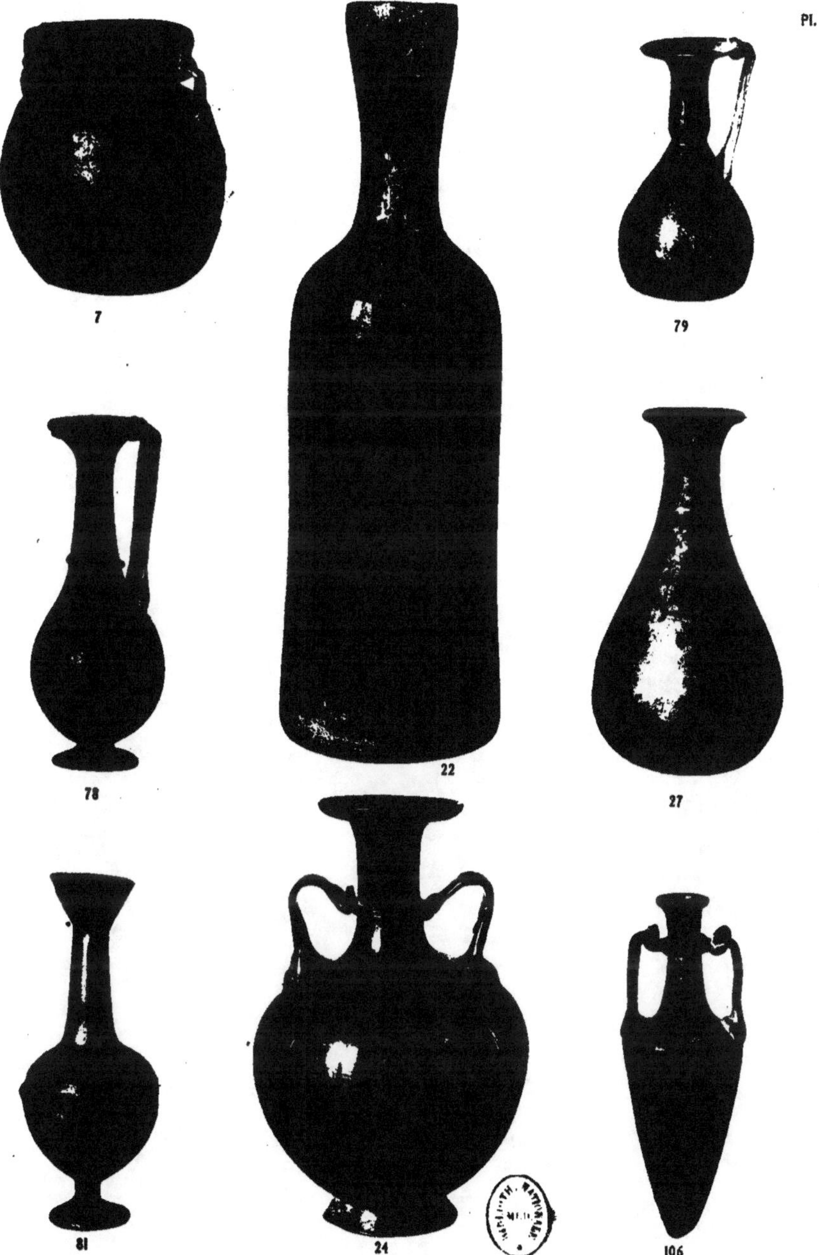

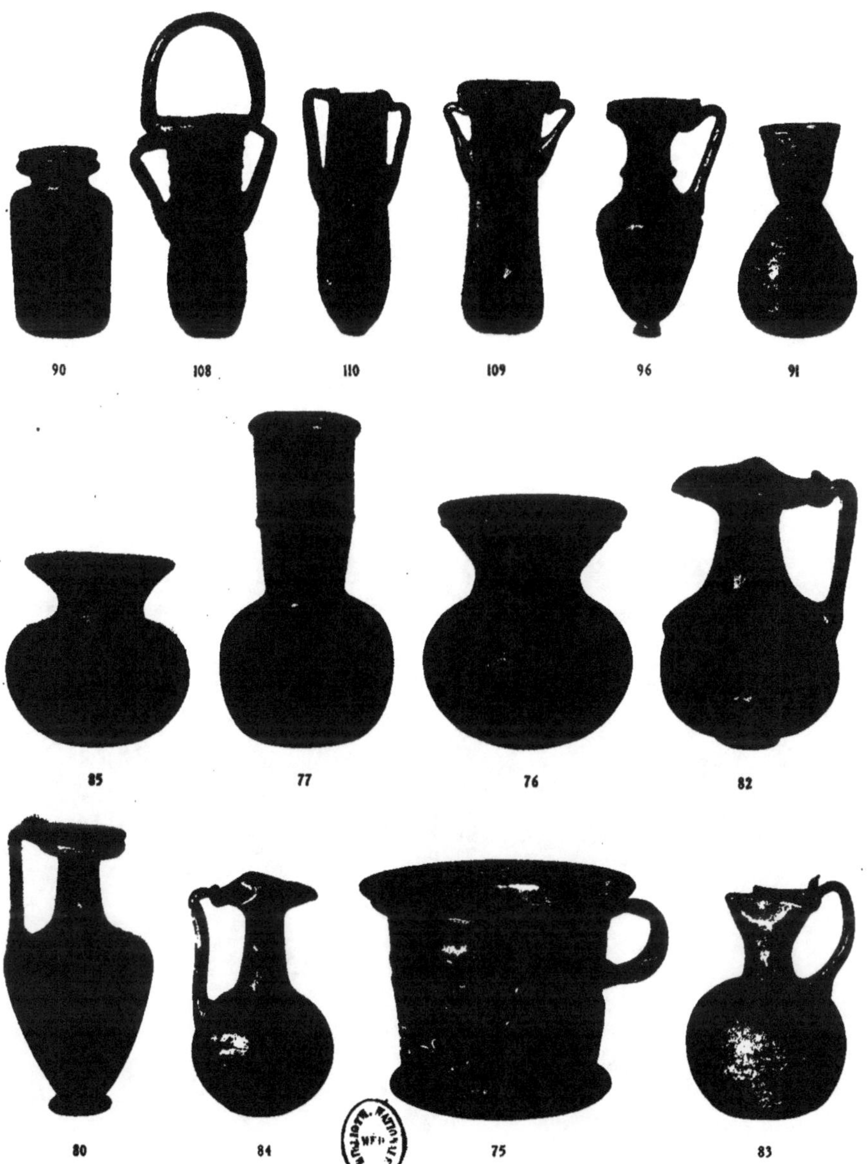
90
108
110
109
96
91
85
77
76
82
80
84
75
83

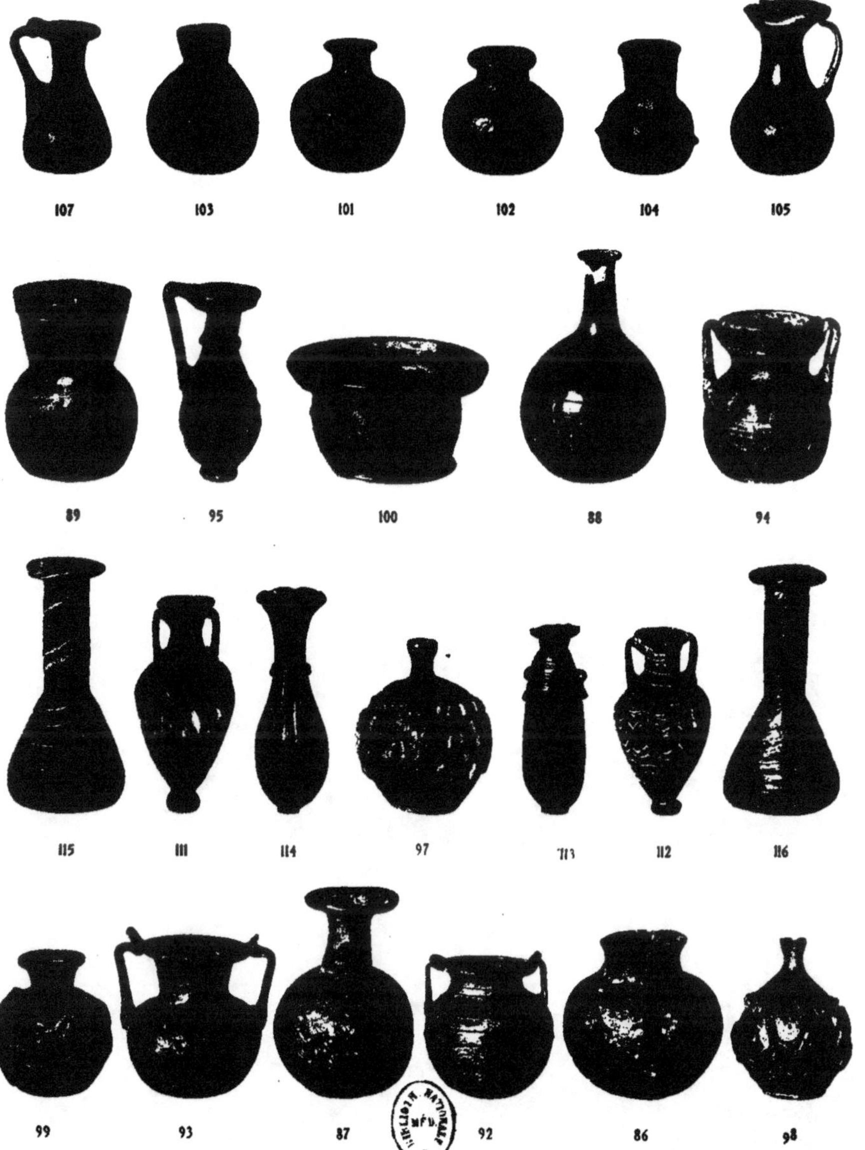
107
103
101
102
104
105
89
95
100
88
94
115
111
114
97
113
112
116
99
93
87
92
86
98

Pl. IV. a.

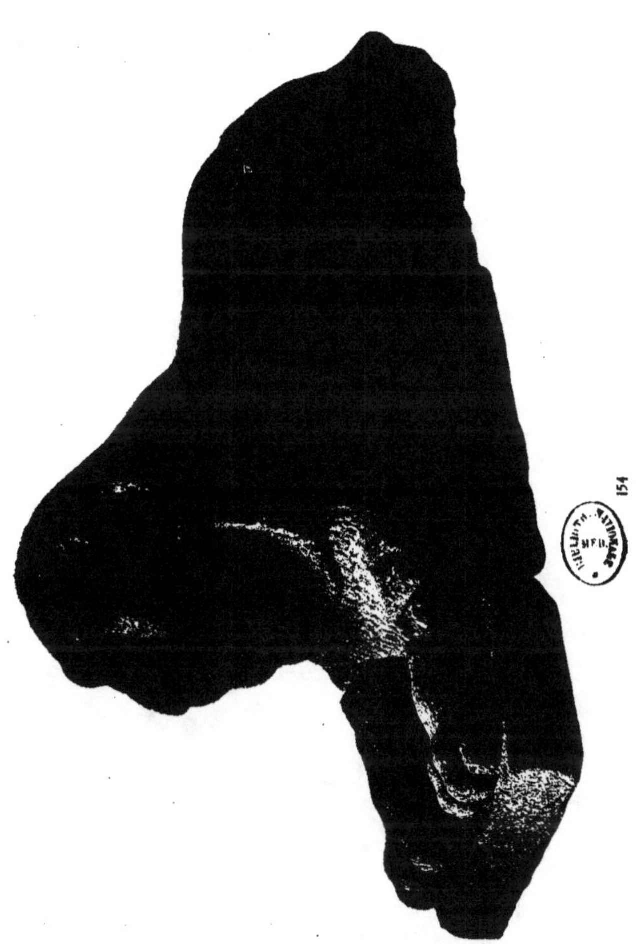

Pl. IV b.

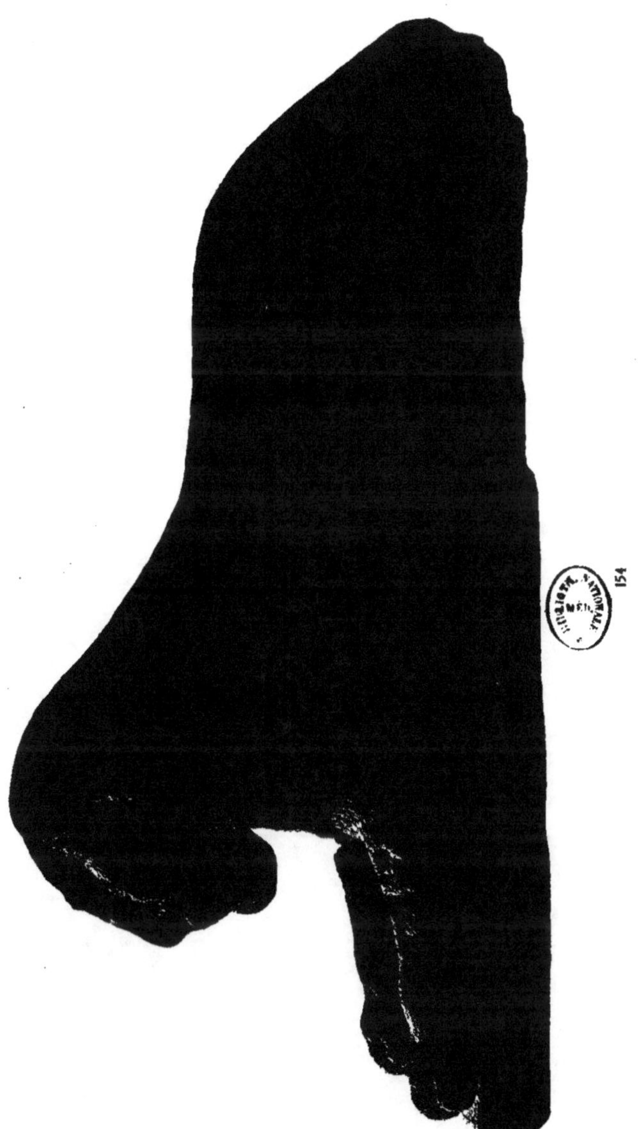

Pl. IV c.

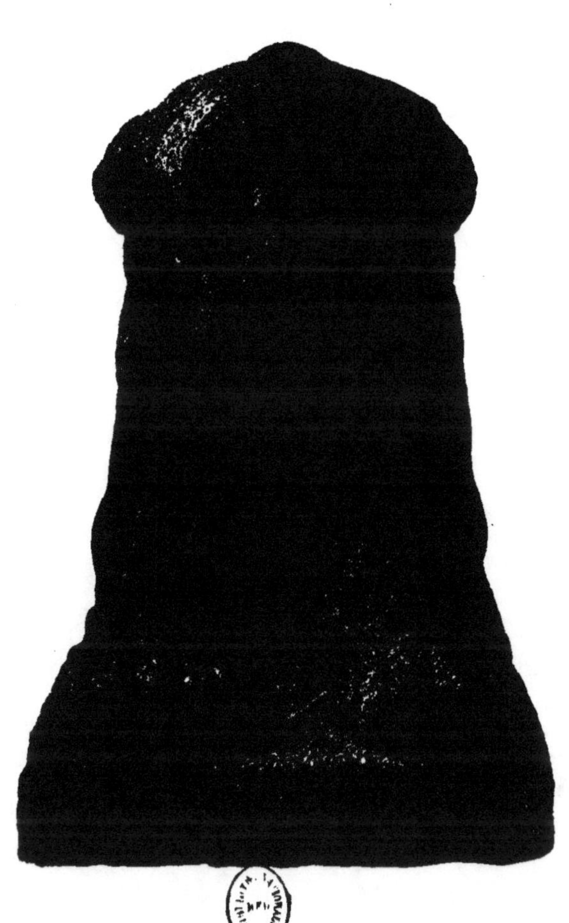

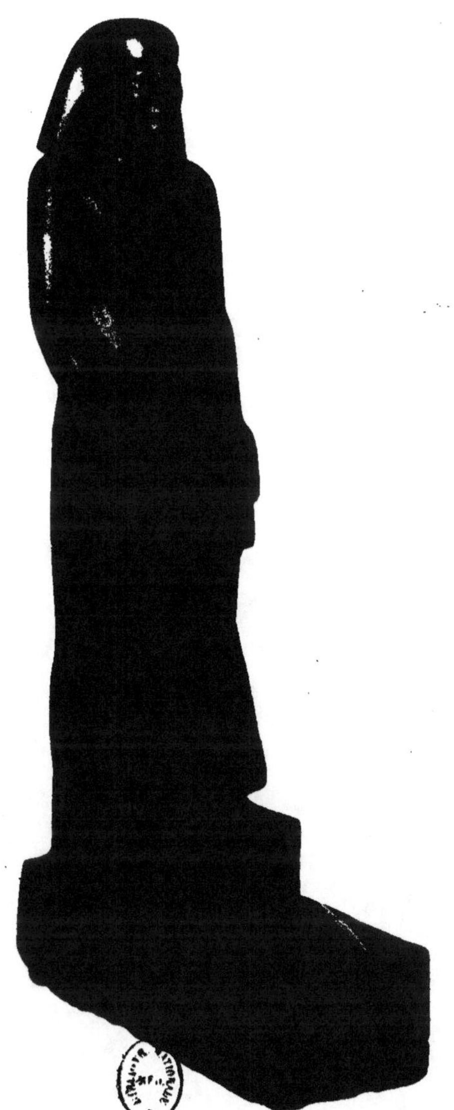

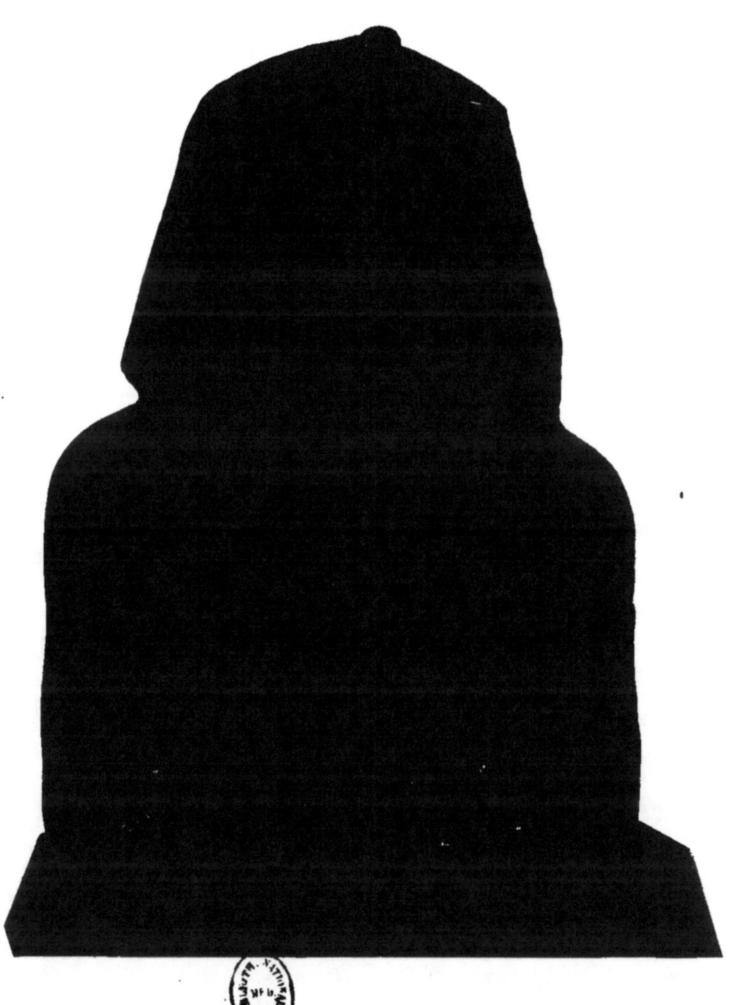

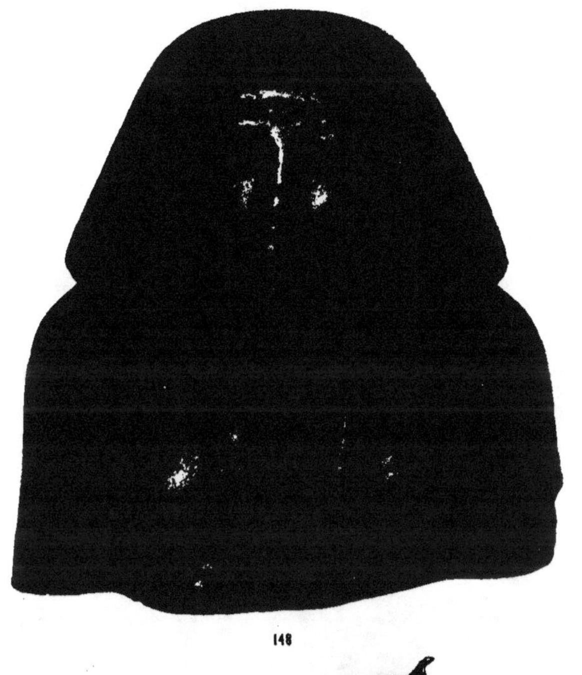

148

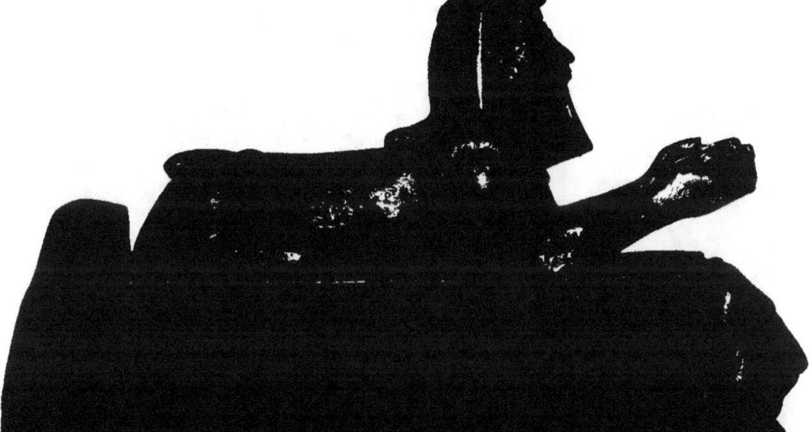

146

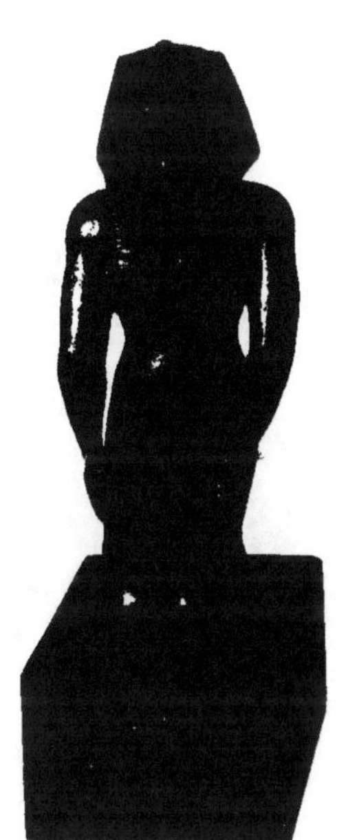

118

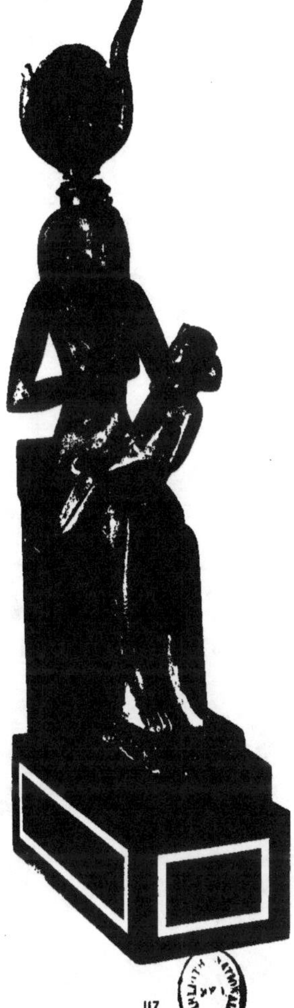

117

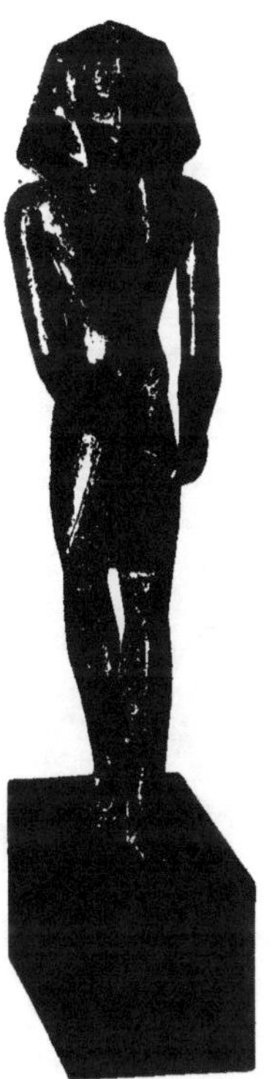

119

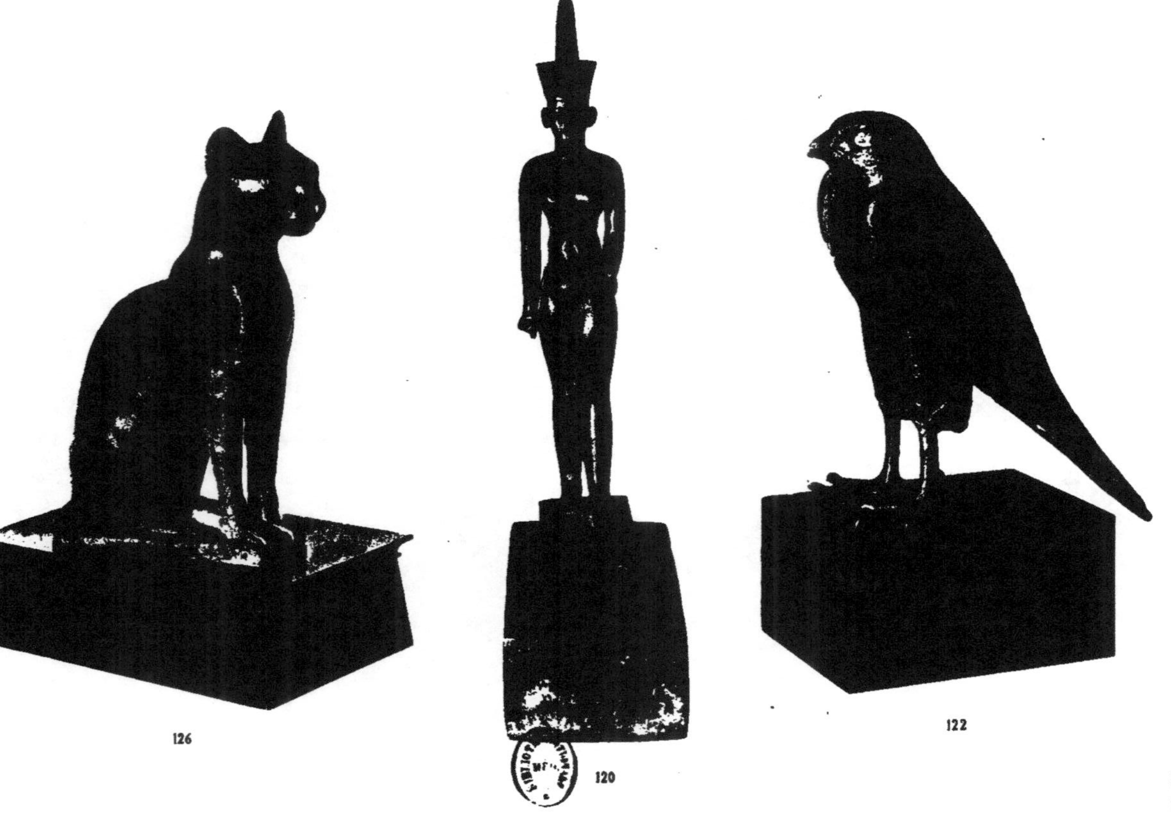

126

120

122

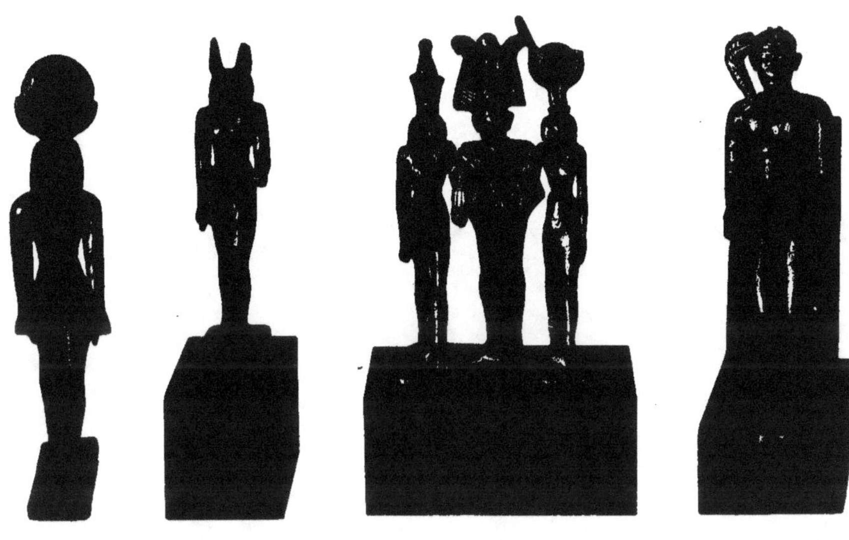

135 133 125 123

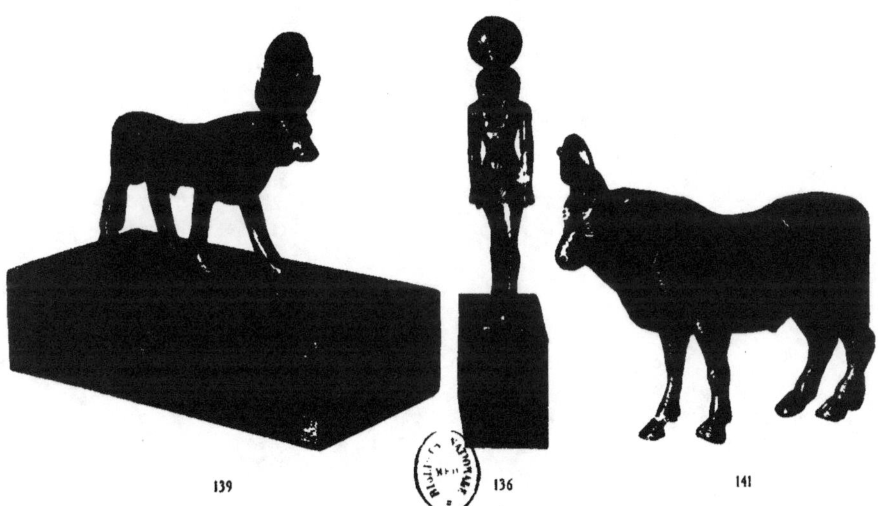

139 136 141

Pl. XI

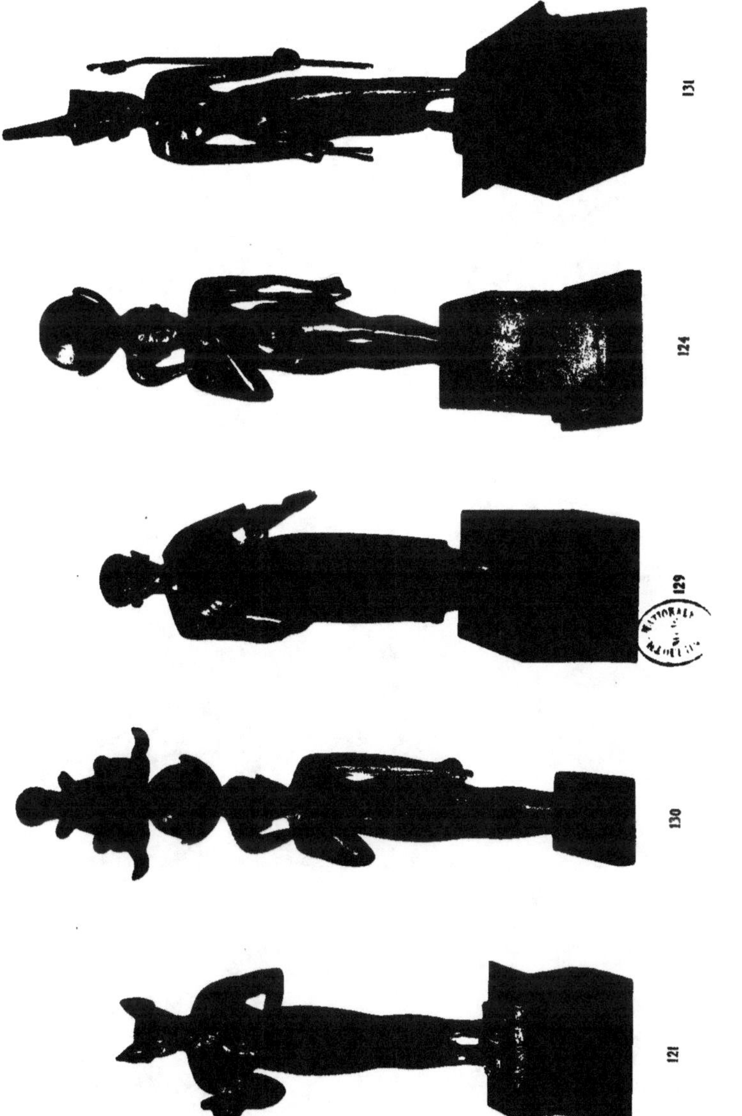

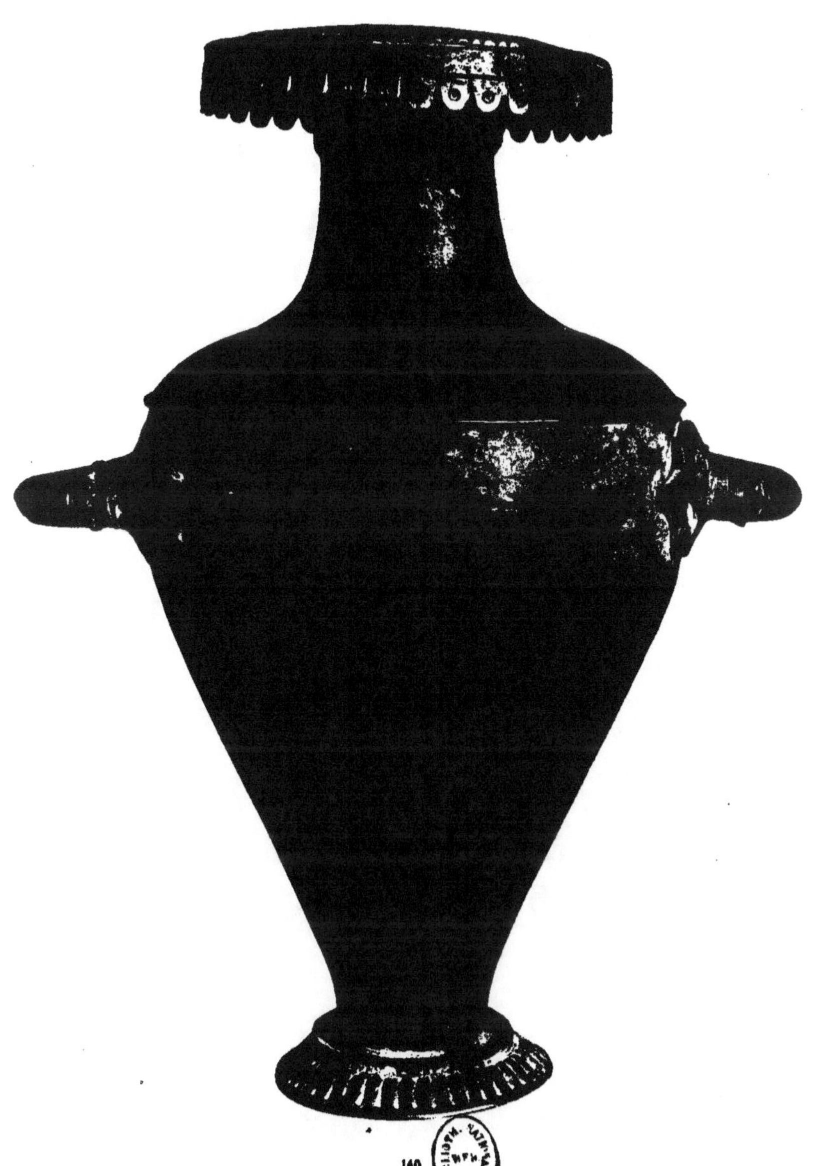

140

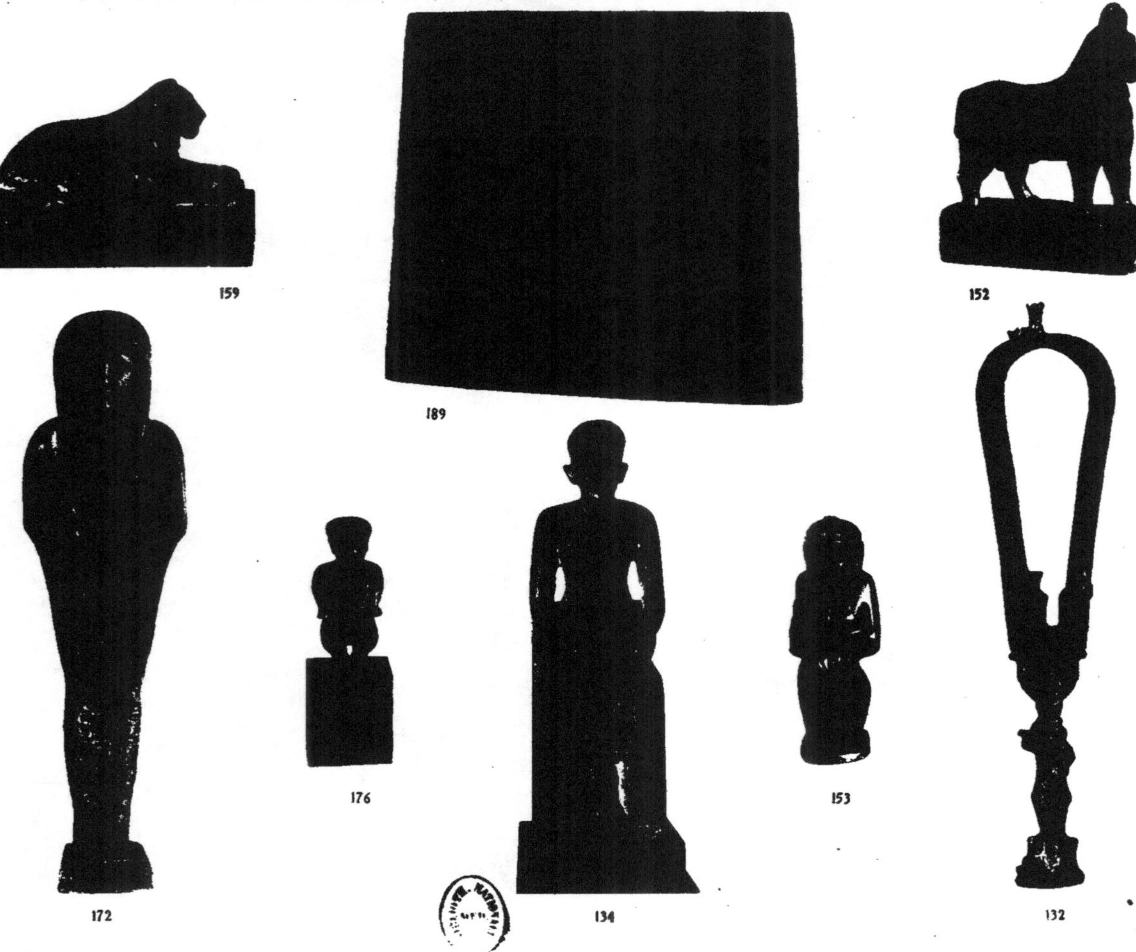
159
152
189
176
153
172
134
132

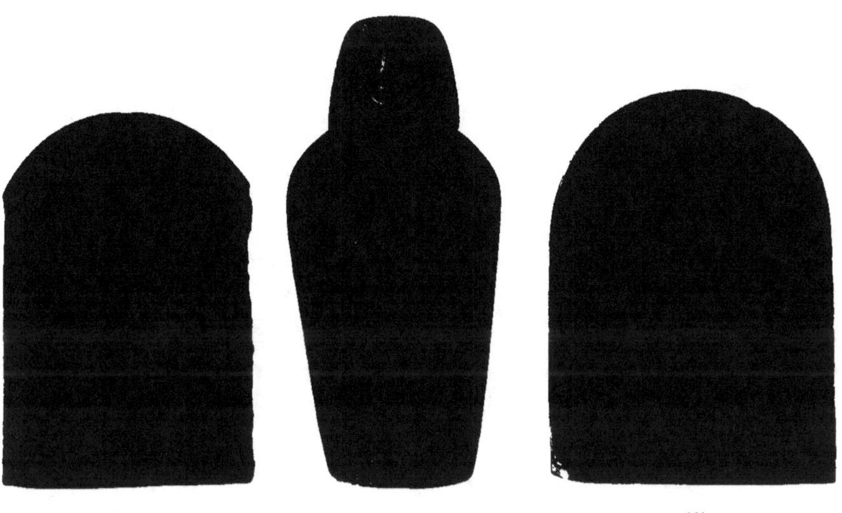

163 162 164

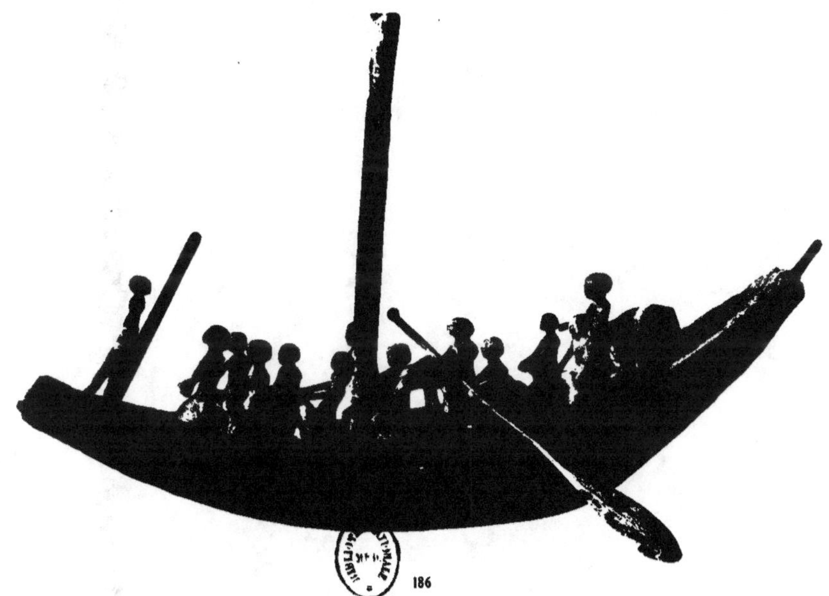

186

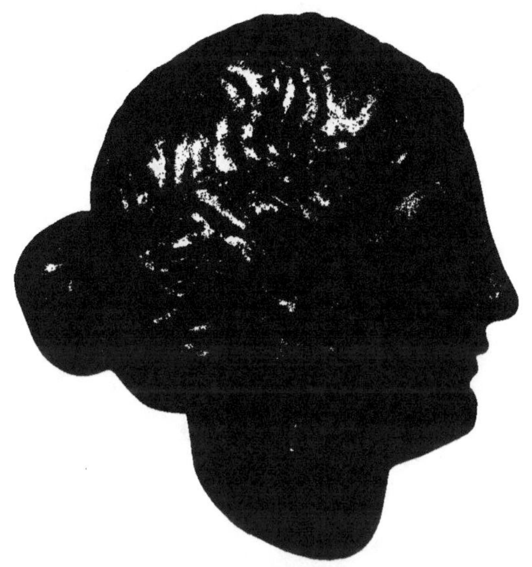

207

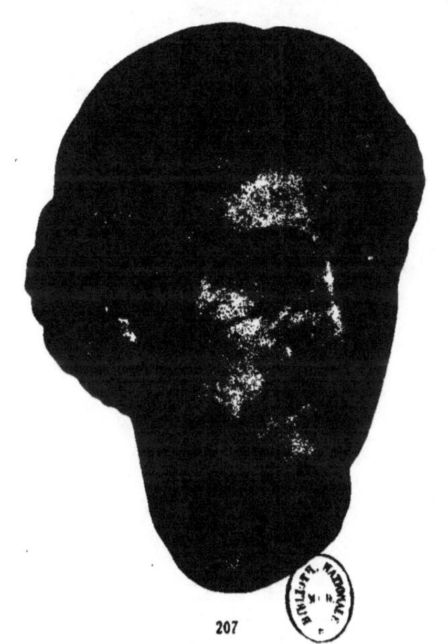

207

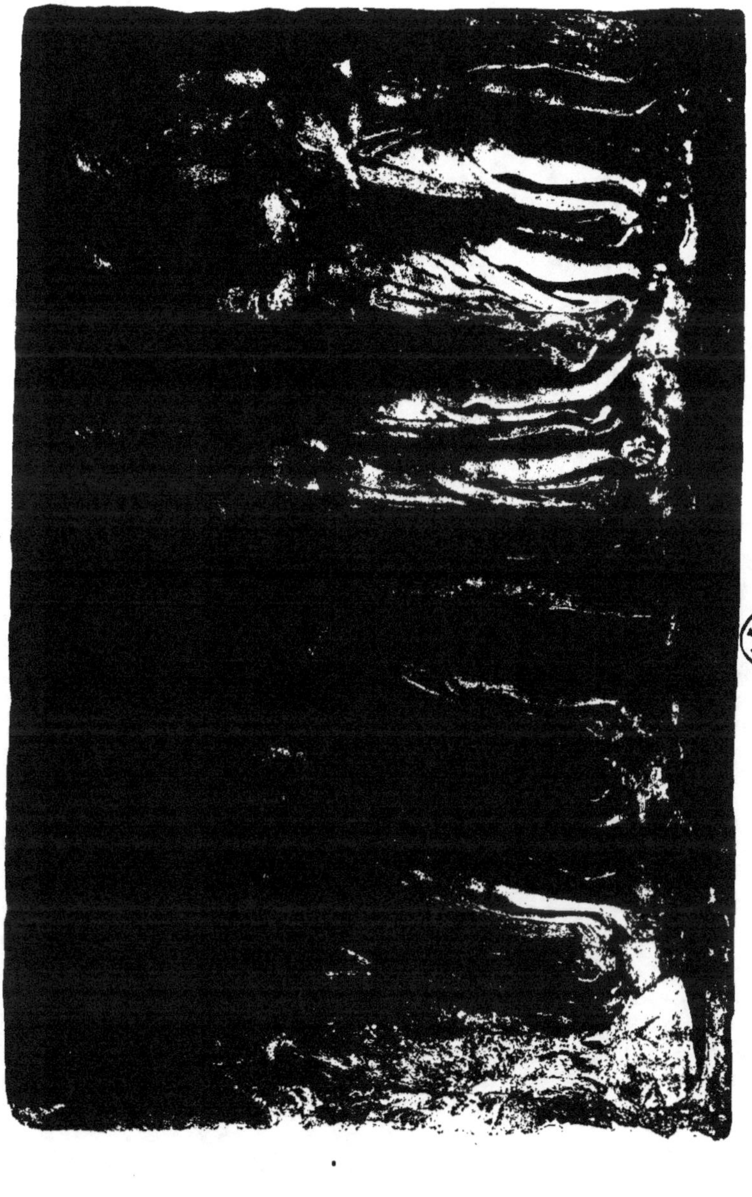

Pl. XVI

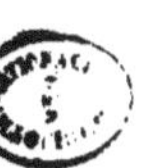

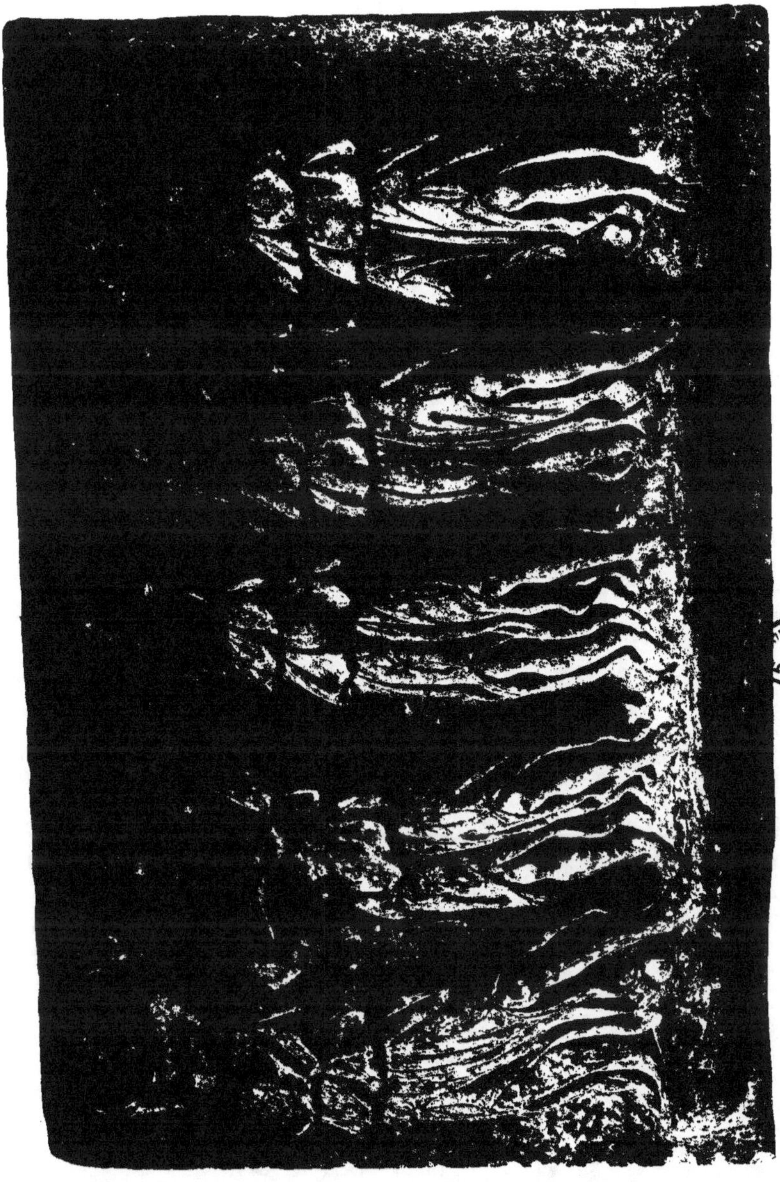

200

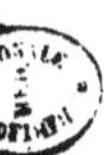

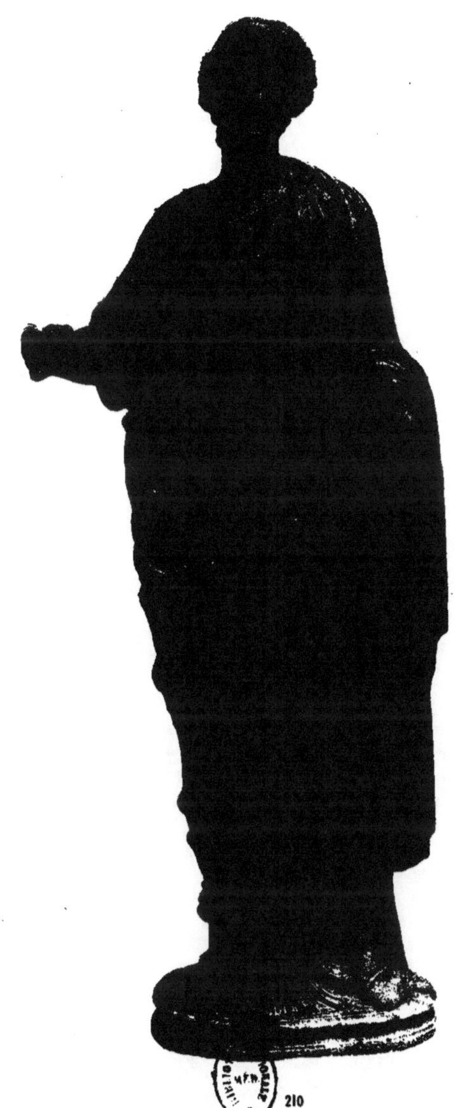

210

Pl. XVIII. b

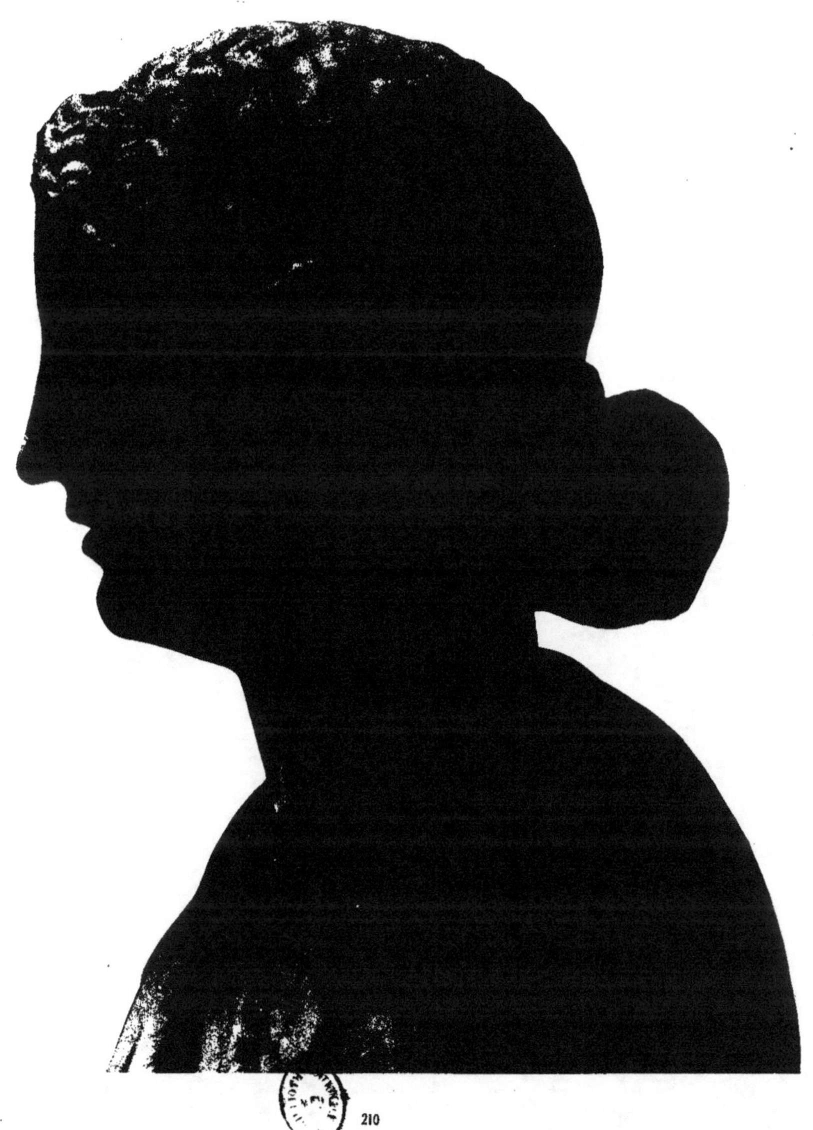

Pl. XVIII. c.

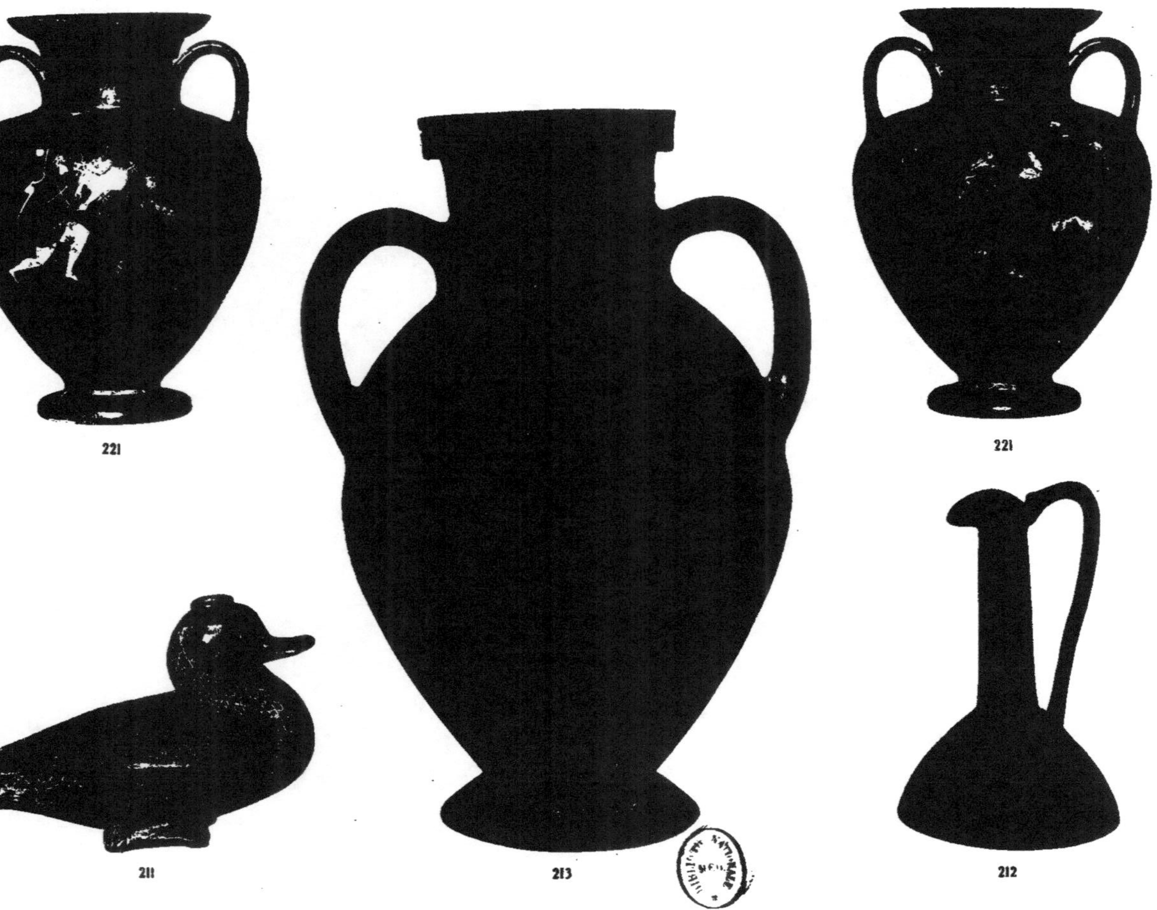

221 221

211 213 212

Pl. XIX

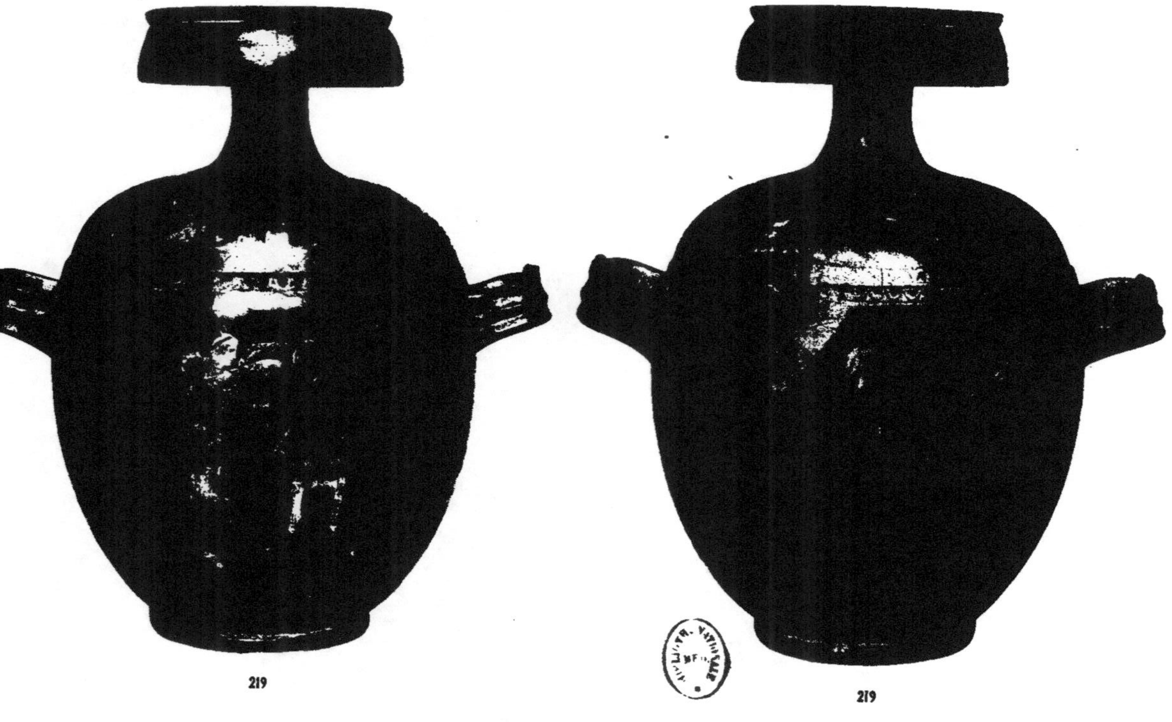

219

219

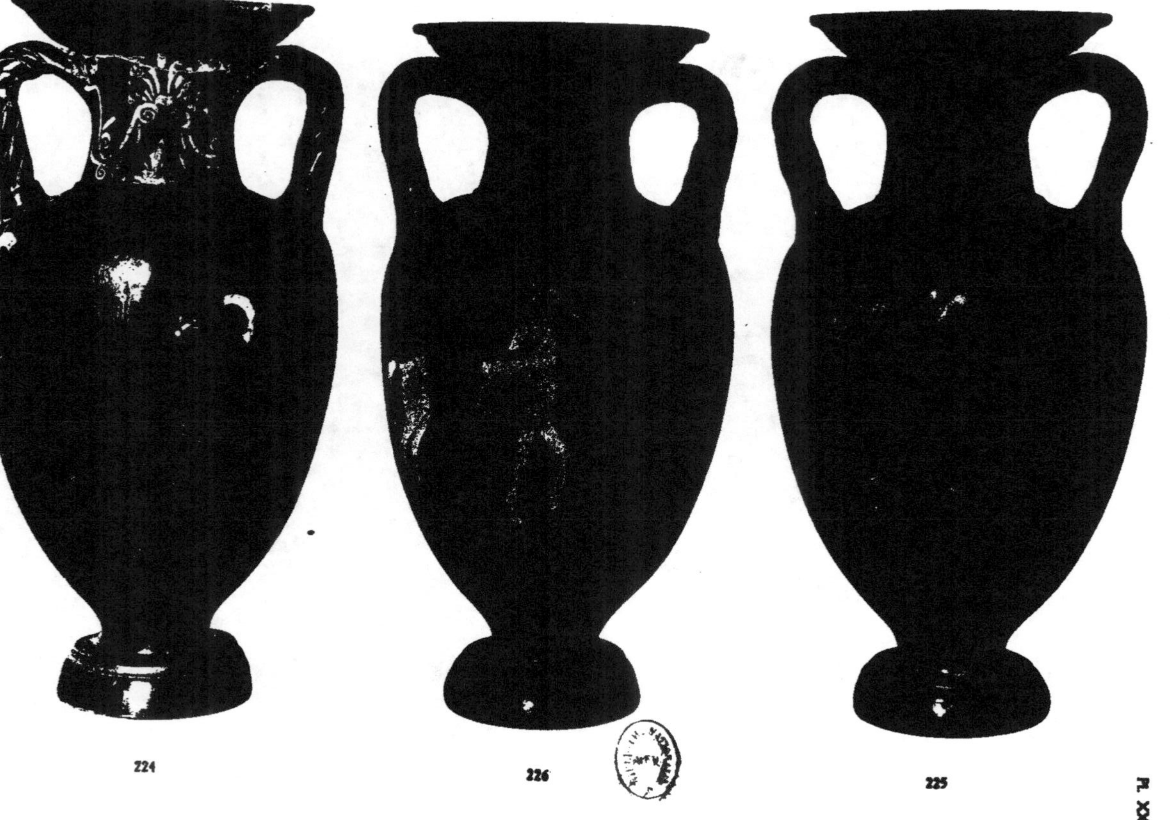

224 226 225

PL. XXI

Pl. XXII

222

220

228

223

Pl. XXIV

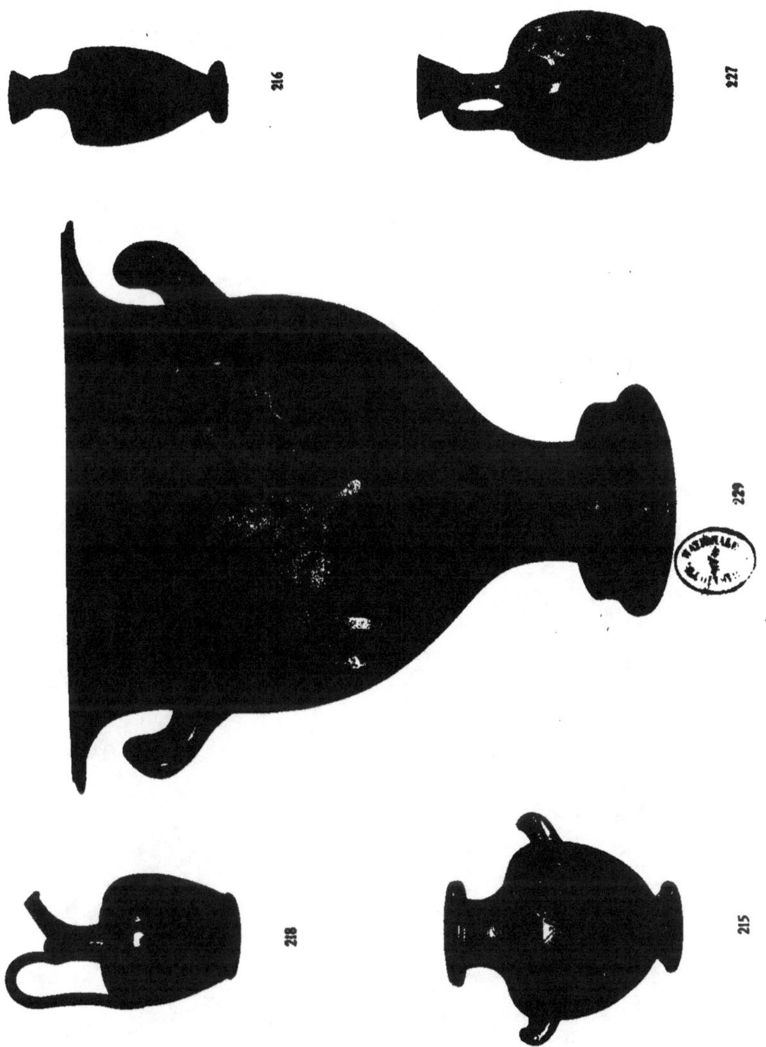

Pl. XXV

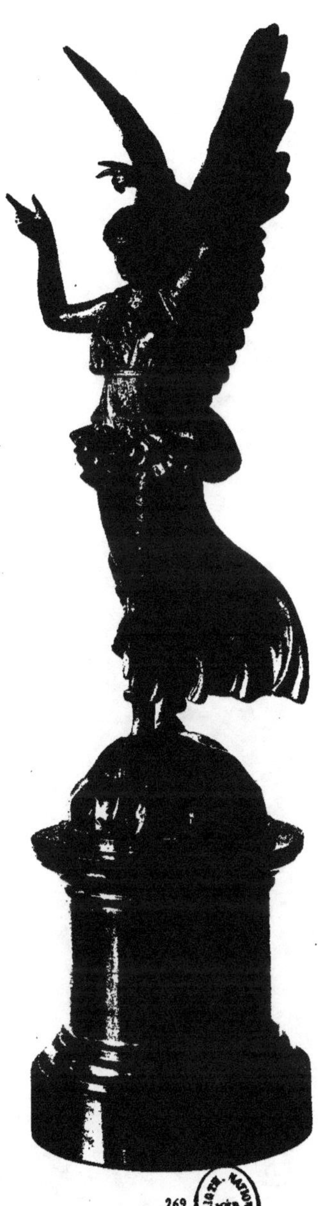

269

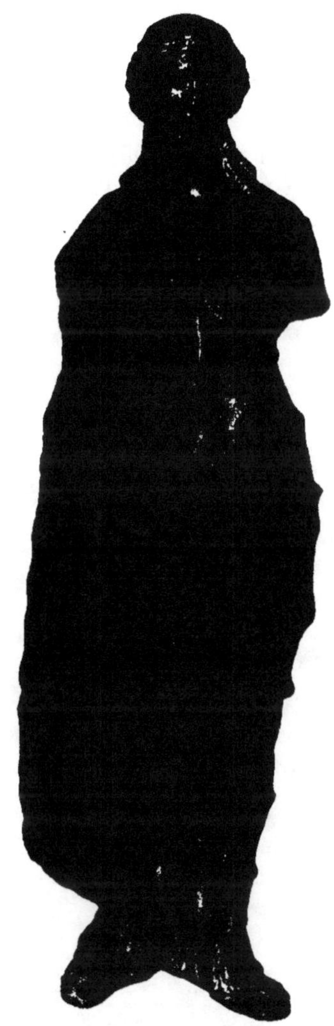

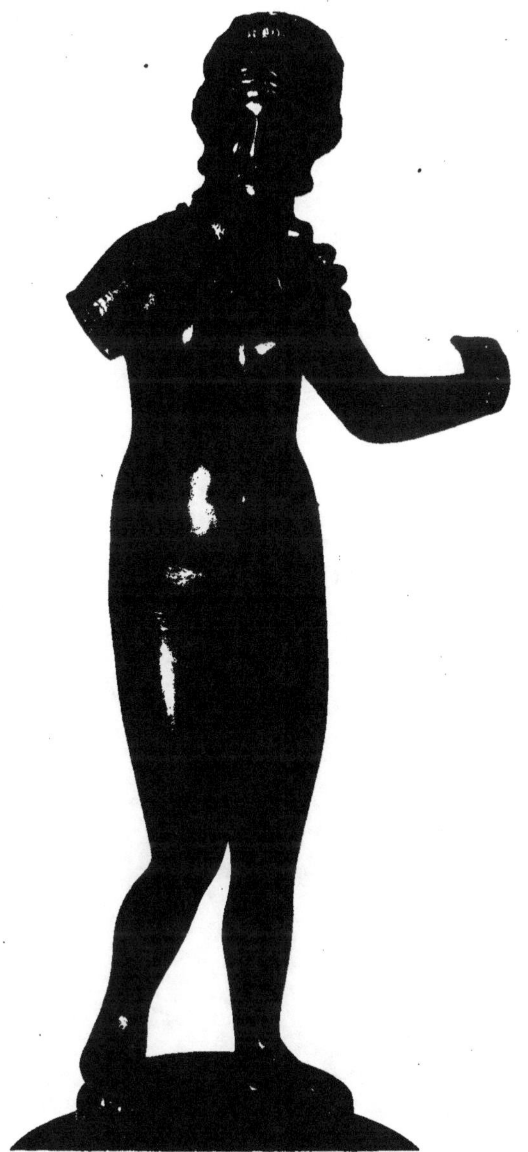

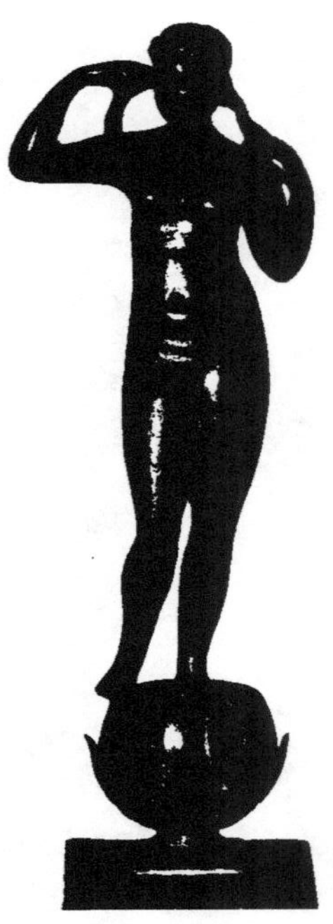

256

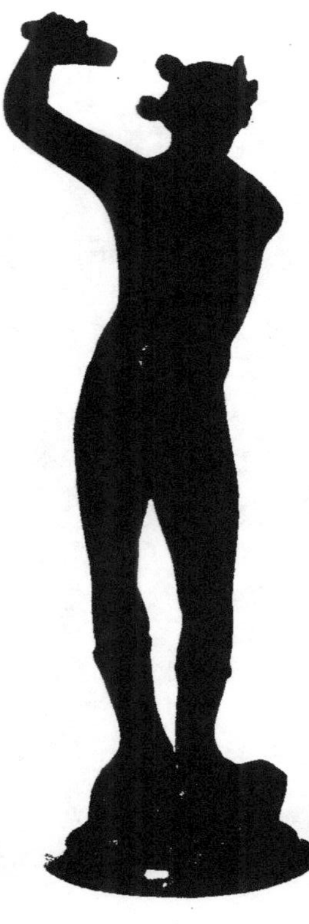

261

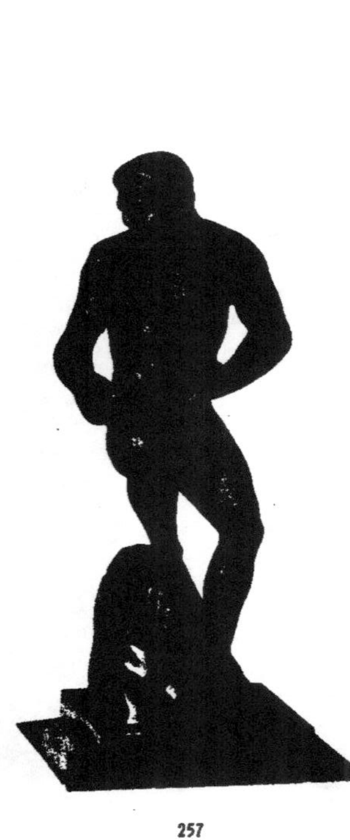

257

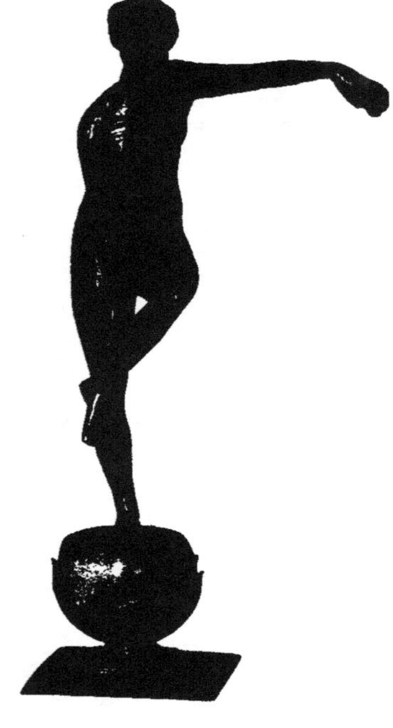

255

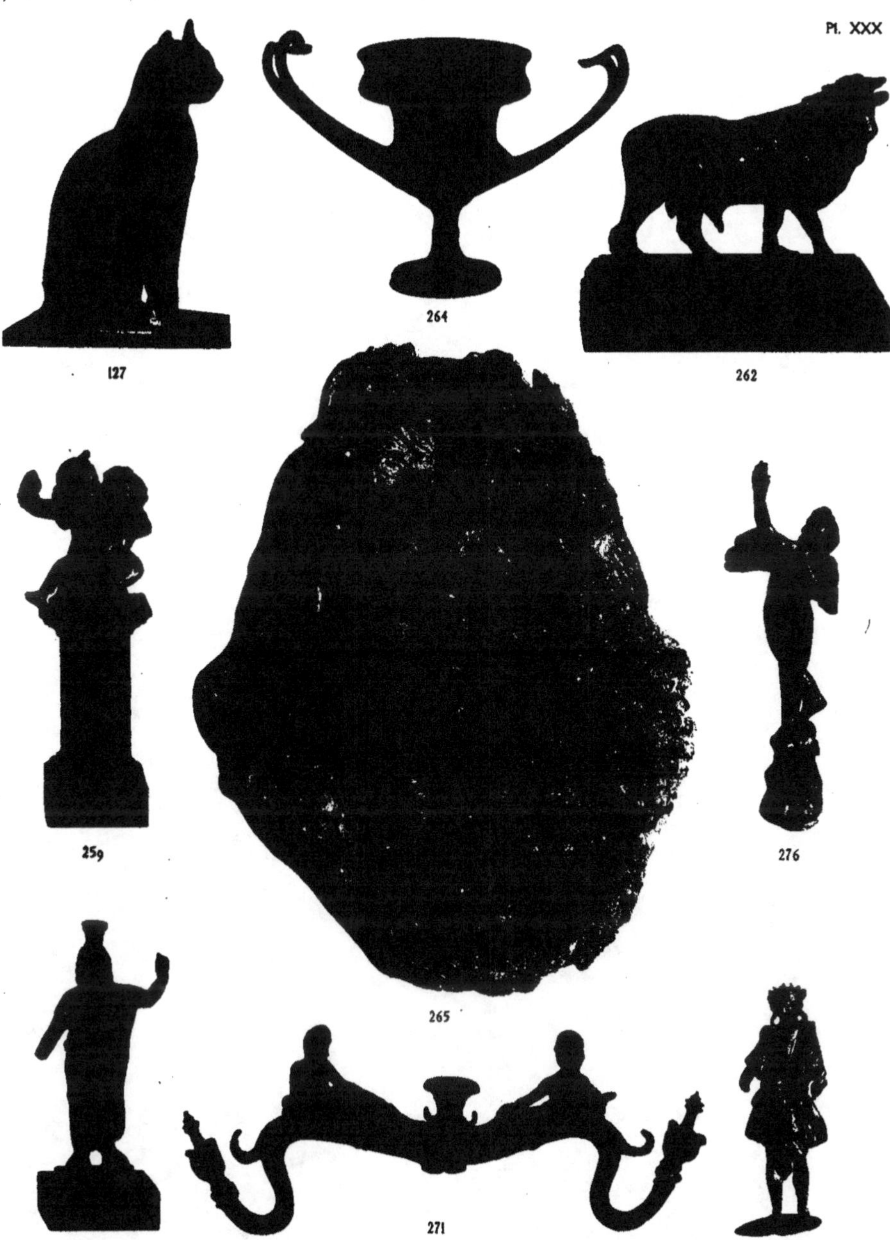

127 264 262 259 265 276 286 271 280

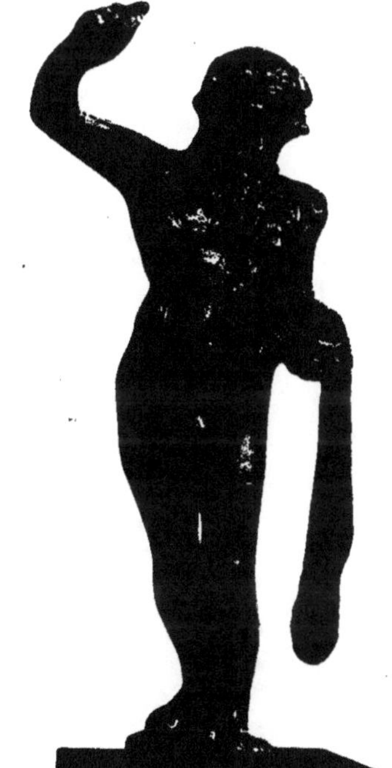

274

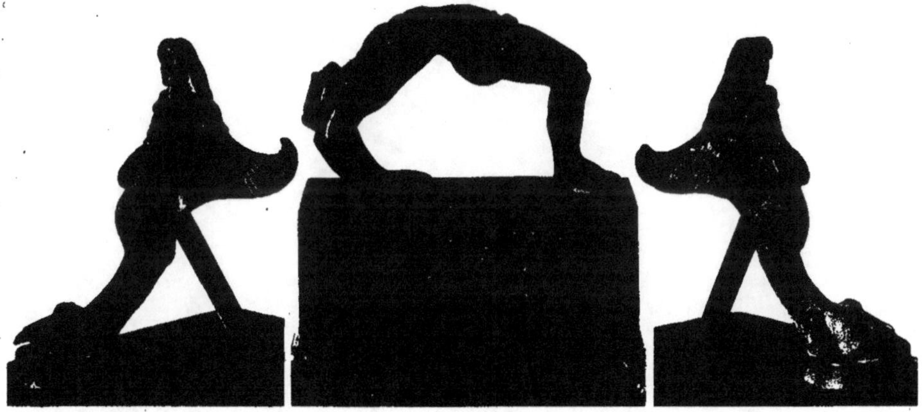

250 272 250

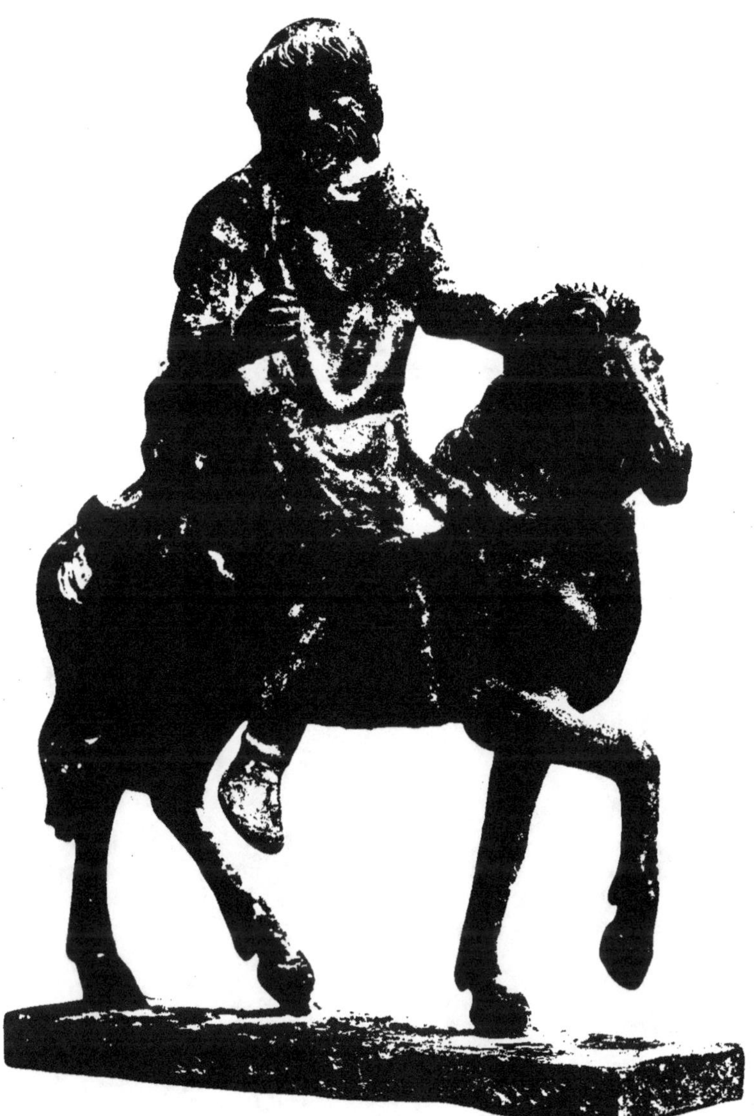

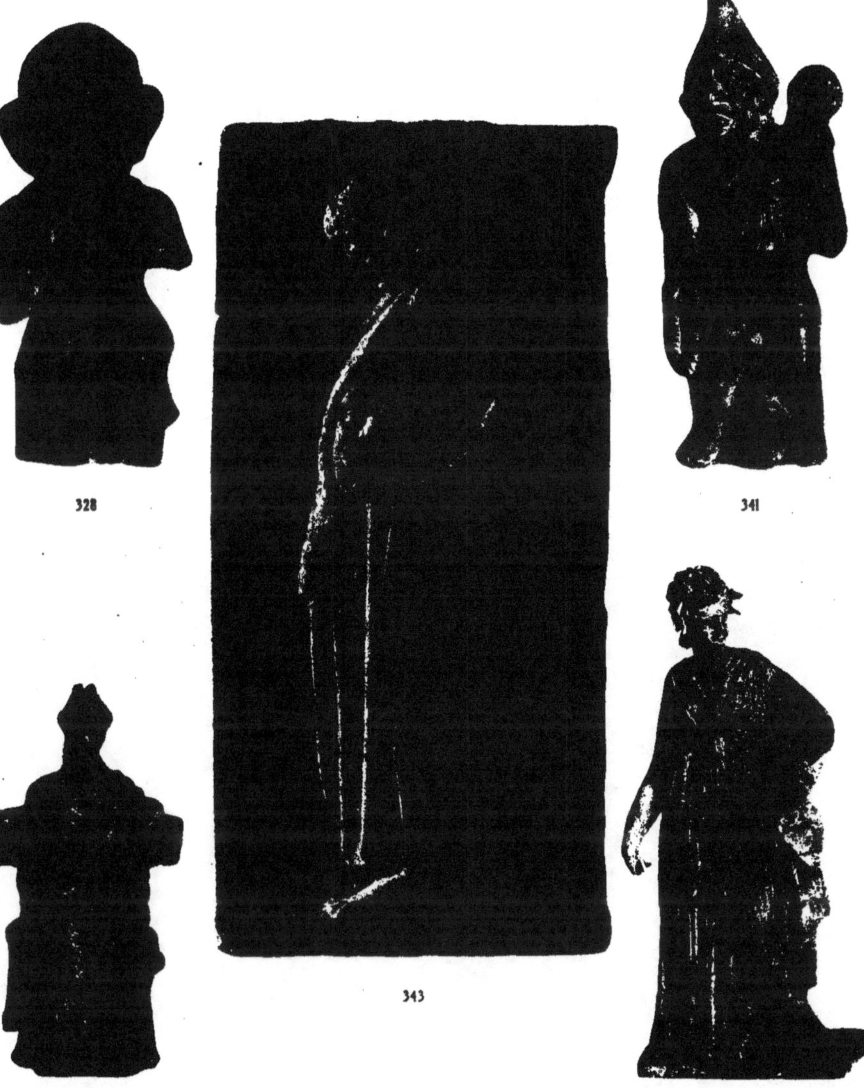

328

341

343

372

289

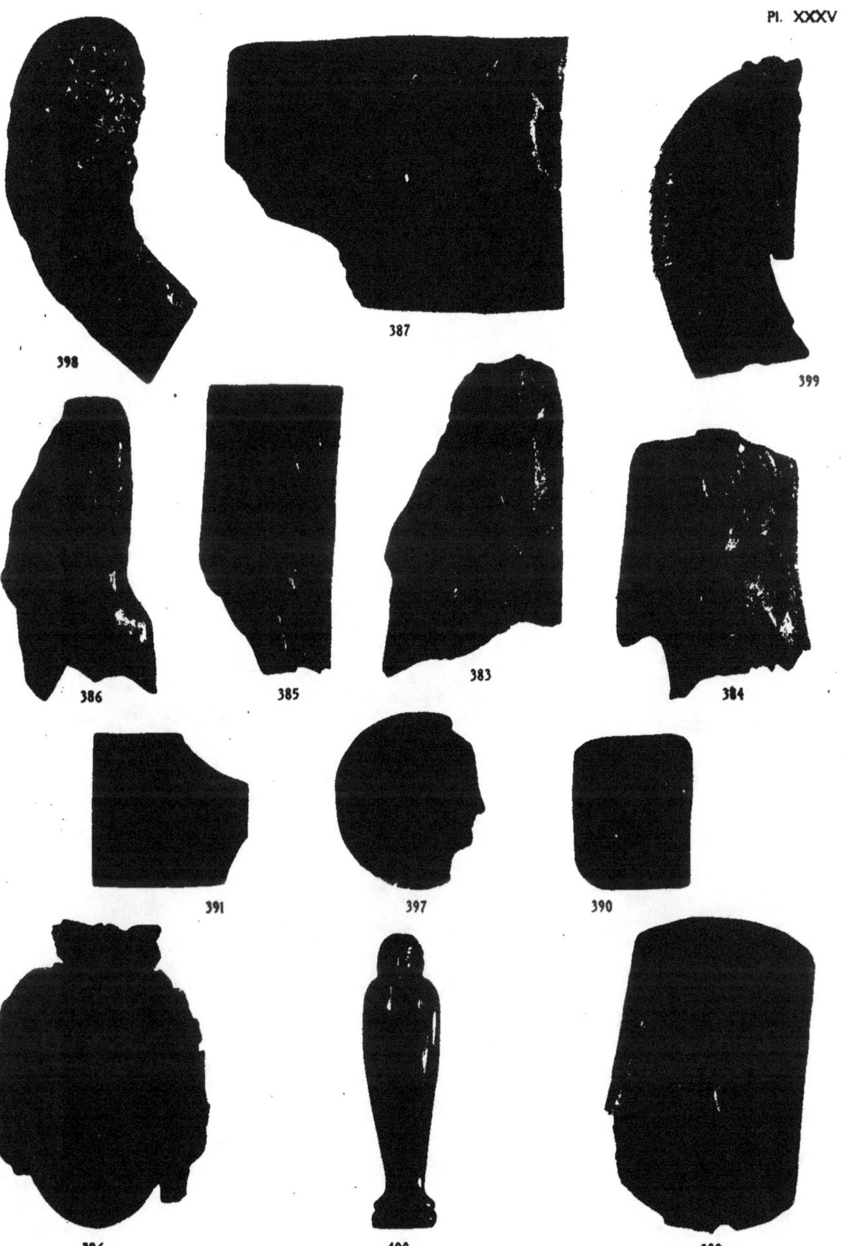
398
387
399
386
385
383
384
391
397
390
396
400
389

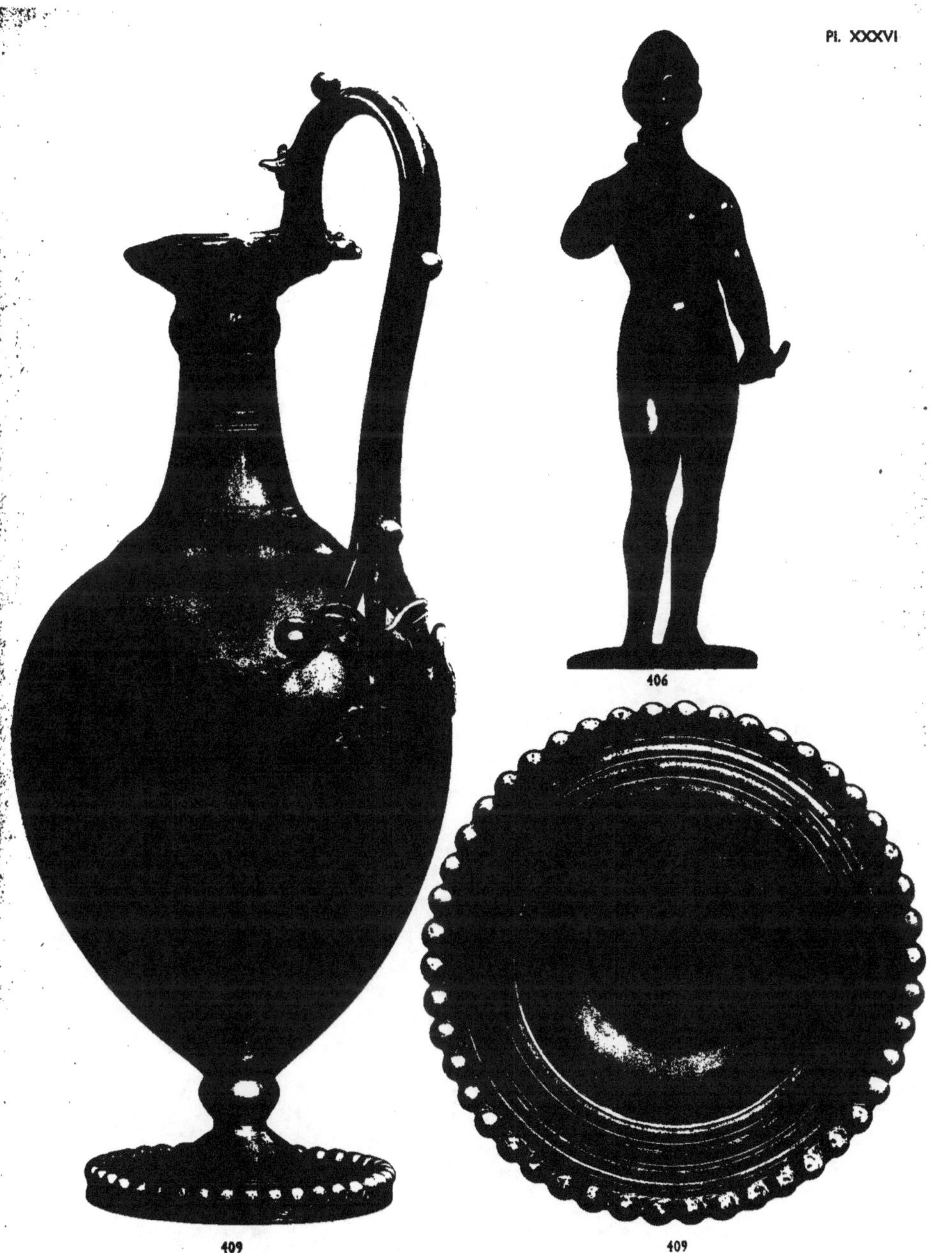

406

409

409

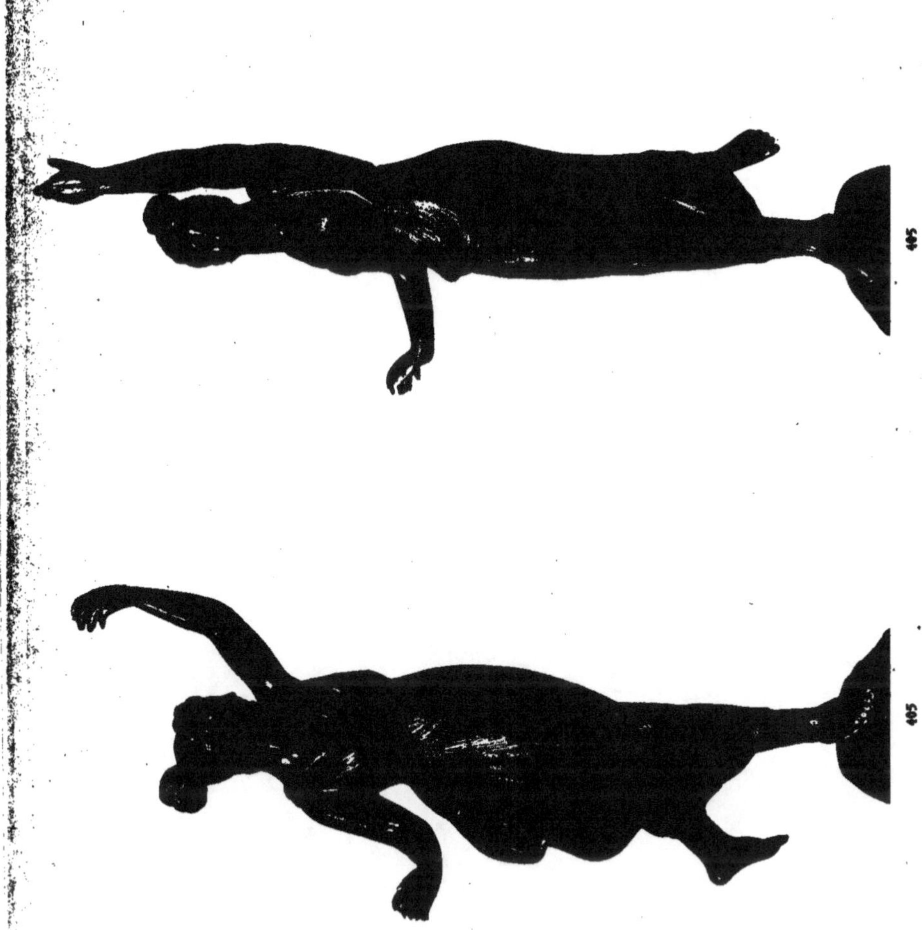

405

405

Pl. XXXVIII

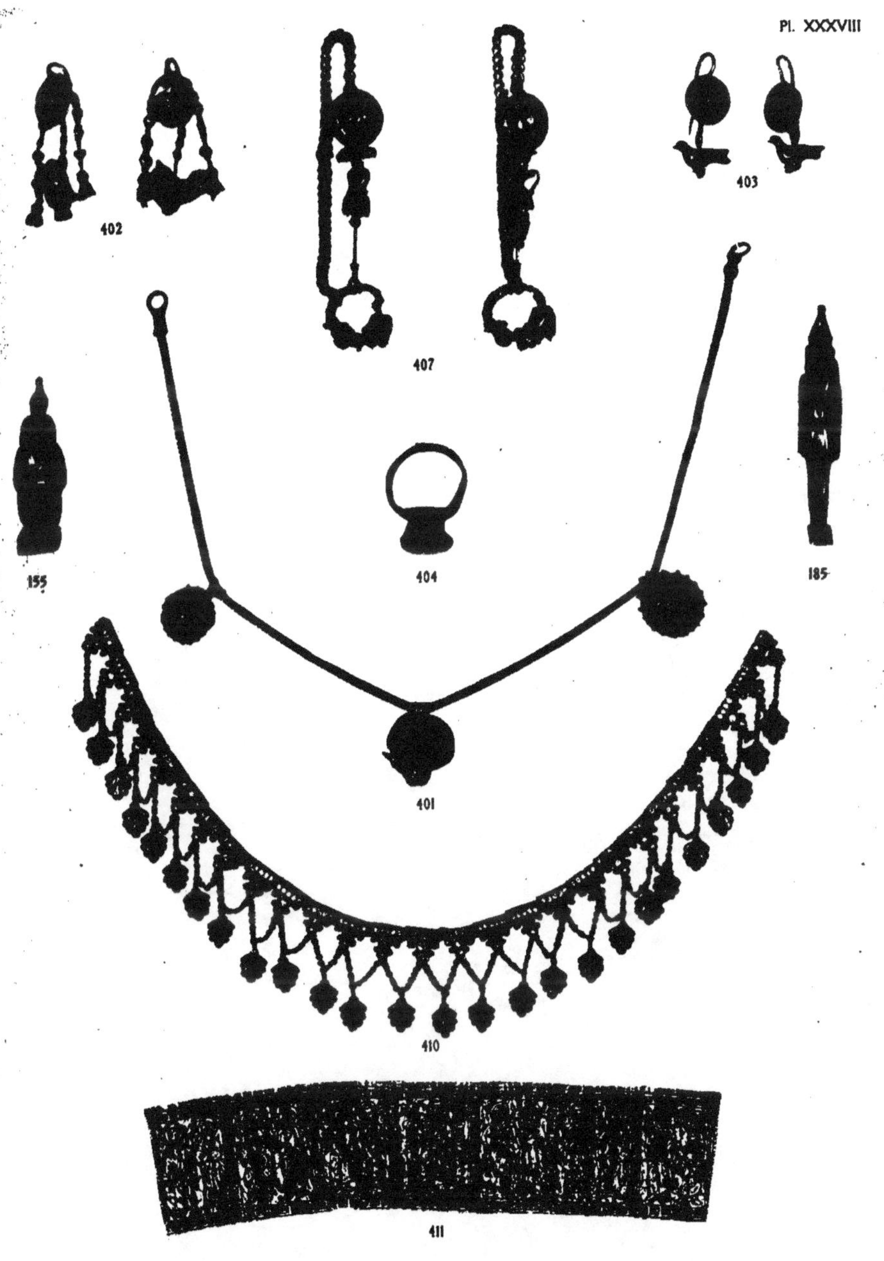

SUCCÈS
18, rue Royale, 18
PARIS

www.ingramcontent.com/pod-product-compliance
Lightning Source LLC
LaVergne TN
LVHW020022170826
845678LV00001B/93

* 9 7 8 2 3 2 9 7 9 1 9 0 6 *